呪　術
―――――
王　國

주   술   왕   국

주술 왕국 : 연산군부터 윤석열까지, 권력은 왜 신을 빌리는가
The Spellbound Kingdom : Why Power in Korea Turns to the Supernatural

지은이 김가현	초판 인쇄 2025년 9월 19일
펴낸이 조정환	초판 발행 2025년 9월 25일
책임운영 신은주	ISBN 978-89-6195-399-3 03900
편집 김정연	도서분류 1. 무속 2. 주술 3. 정치 4. 권력 5. 한국사
디자인 조문영	
홍보 김하은	카테고리 카이로스총서117 Cupiditas
프리뷰 강석민·권두현·박서연	값 17,000원
종이 타라유통	펴낸곳 도서출판 갈무리 1994. 3. 3. 등록 제17-0161호 서울 마포구 동교로18길 9-13 2층 T. 02-325-1485 F. 070-4275-0674 www.galmuri.co.kr galmuri94@gmail.com
인쇄·제본 영신사	
라미네이팅 금성산업	

ⓒ 김가현

일러두기

1. 외래어 · 고유명사 발음 표기 원칙
   - 외래어와 고유명사의 발음은 국립국어원의 「외래어 표기법」에 따른다.
   - 널리 굳어진 표기는 관용 표기를 따른다.
   - 서양 인명과 지명은 관용 한글 표기를 사용하며, 필요시 본문에 원어를 병기한다.

2. 고유명사 원문 병기 원칙
   - 조선 인명 · 관직 · 기관명은 최초 등장 시 한자를 병기하되, 널리 알려진 경우는 생략한다.
   - 서양 인명과 지명은 원칙적으로 원어를 병기하지 않되, 혼동 우려가 있는 경우에만 첫 등장에 병기한다.
   - 작품명 · 사서명은 겹낫표(『 』)로 표기하며 원어는 병기하지 않는다.

3. 강조체 표기 원칙
   - 개념 · 용어 · 언론 조어 · 별명은 작은따옴표로 묶는다.
   - 직접 인용은 큰따옴표를 사용하고, 인용 안의 인용에는 작은따옴표를 사용한다.

4. 부호 표기 원칙
   - 단행본 · 정기간행물 · 보고서는 겹낫표(『 』)로 표기한다.
   - 논문 · 기사 · 문서명은 홑낫표(「 」)로 표기한다.
   - 사건 · 사건명 · 프로젝트 · 행사 · 법률 · 조약 · 단체명 · 기관명은 홑화살괄호(〈 〉)로 표기하되, 널리 알려진 경우는 생략한다.
   - 정부 부처 · 대표 정당처럼 널리 알려진 명칭은 홑화살괄호(〈 〉)를 생략한다.
   - 언론사 · 방송사 이름은 원칙적으로 홑화살괄호(〈 〉)로 표기하되, 조선일보 · 한겨레 · KBS · MBC처럼 널리 알려진 경우는 생략한다.
   - 방송 프로그램 · 유튜브 채널명은 홑화살괄호(〈 〉)로 표기한다.
   - 기사 제목은 홑낫표(「 」)로 표기한다.

5. 주석 표기 원칙
   - 지은이 주석만 사용한다.
   - 본문 하단 각주 형식으로 표기하며 연속 번호를 사용한다.
   - 최초 인용은 완전한 서지 사항을 적고, 반복 인용에서는 서명 약칭과 쪽수만 표기한다.

6. 인용 · 사료 표기 원칙
   - 사서 · 실록 · 문집 · 금석문은 겹낫표(『 』)로 묶어 표기한다.
   - 권차 · 편명 · 연월일은 본문 서술에 맞추어 기술한다.
   - 긴 인용문은 한 문단 이상 들여쓰고 인용부호는 생략한다.

차 ✧ 례

프롤로그 : 신을 빌린 권력자들 6

1부 무속과 정치 : 신앙과 권력의 위험한 공생

무속과 '무속 논란' 12
  무속이란 무엇인가 13
  무속에서 풍수·도참까지 : 한국 주술 세계의 형성 17
  무속신앙의 태생적 한계와 정치적 기능 21
위기는 어떻게 신을 불러들이는가 25
  조선시대 무속의 역할 : 일상과 위기 속, 공동체의 언어 26
  위기 때마다 호출되는 무속 29
  미디어 시대, 주술의 부활 34
  파멸의 4단계 : 주술 의존형 권력 붕괴 모델 38

2부 자멸의 평행 이론 : 주술에 잠식된 왕좌

왕권의 그림자 : 조선시대 무속의 이중적 위상 44
  유교 국가 조선, 무속을 '음사'로 규정하다 44
  무속을 비상수단으로 호출하다 47
  권력이 주술을 만났을 때 : 세 가지 파국의 역사 49
분노의 왕, 연산군 : 감정 정치 52
  폭정의 서막 : 분노는 어떻게 정치가 되었나 54
  두 번의 사화 57
  공포정치와 무속 의존 62

주	술
왕	국

격노하는 대통령 : 위력 없는 권위   75
  무엇을 위한 격노인가?   76
  현대판 신언패인가, 입틀막 경호   79
  조선시대 무녀의 집에서도 나온 관봉권   82
불안의 왕, 광해군 : 도참 정치   91
  불안으로 점철된 왕좌   92
  풍수도참에 대한 집착   108
제왕이 되려던 대통령 : 조작된, 아니 조악한 권위   127
  검찰 공화국 : '옥사'와 '공포 정치'의 현대적 변용   127
  이태원 참사 : 행정 기능 정체와 민생 외면의 비극   136
  용산 이전과 천공 : 현대판 풍수도참인가   141
  현대적 '왕기설'과 시대적 퇴행   145
무능의 왕, 고종 : 비선 정치   150
  흥선대원군 : 도참을 이용한 정당성 구축   151
  명성황후 : 무속, 정권 유지와 국정 농단의 수단   159
  고종 : 무속 의존이 이끈 몰락   180
다시 또, 무속   197
  왕 자 손바닥 : 도참의 현대적 변주   197
  용산 시대 : 진정한 용두사미   200
  국모와 무속 비선   209
  『삼국지연의』 대 극우 유튜브   222
  가짜 출근 쇼의 끝 : 촌극이 반복되면 비극이 된다   227

에필로그 : 자기 꼬리를 삼킨 권력   231

:: 프롤로그

신을 빌린 권력자들

 대한민국 현대 정치사에서 무속과 권력의 결합은 은밀하지만, 끈질기게 이어져 왔다. 권력자의 불안이 깊어질수록, 주술과 비선의 조언은 공적 제도의 경계를 넘어 권력의 중심을 파고들었다. 국정을 마비시키며 민주주의를 위협해 온 이 위험한 흐름은, 그 실체가 제대로 드러나지 않은 채 되풀이되었다.
 한국 사회에는 개인의 운명은 물론 나라의 운수까지 점치는 주술적 믿음이 여전히 남아 있다. 이는 단순한 문화적 잔재가 아니라, 권력 뒤에 숨어 움직이는 보이지 않는 힘이었다. 왕조 시대부터 이어진 이 흐름은 근대화 이후에도 사라지지 않았고, 정치적 격변기마다 오히려 그 모습을 더욱 선명히 드러냈다.
 2016년 박근혜·최순실 국정농단 사태는 바로 그 흐름이 어떻게 파국으로 치닫는지 여실히 보여주었다. 숨은 실세 최순실이 국정에 개입한 방식은 '무속'이라는 키워드와 깊이 얽혀 있었다. 최고 통치권자가 비선 실세의 판단을 따르기 시작하자, 주술적 믿음은 권력을 사유화하는 통로로 작용했다. 대통령 연설문이 사전에 유출되고 국가 정책 및 인사에까지 비선의 영향력이 미치는 등, 공적 체계는 무너졌다. 민주주의와 법치주의의 근간을 뒤흔든 이 사태는 결국 헌정사상 최초의 대통령 파면으로 귀결되었다.

그러나 이 충격적 사건이 남긴 경고에도 불구하고, 대한민국 정치에서 사적 믿음과 비선의 결탁은 끊어지지 않았다. 오히려 윤석열 정부 들어 무속 논란과 비선 개입의 그림자는 다시 짙어졌고, 정권의 파국을 재촉하는 핵심 요인이 되었다. 대통령실 이전을 둘러싼 풍수지리 논란부터 천공·건진법사 등의 국정 개입 의혹, 대통령 부인의 비공식 정책 관여에 이르기까지, 이러한 문제들은 정권 내내 반복되며 그 파장을 이어갔다.

이것은 특정 개인의 유별난 취향 문제가 아니다. 오히려 그것은 한국 정치에 깊이 뿌리내린 고질병을 보여준다. 지도자가 고립되고 불안해질수록, 감시와 견제의 장치가 허술해진 틈을 타 비합리적인 믿음과 비선은 어김없이 권력의 중심으로 파고들었다. 이런 일이 반복될 때마다, 어렵게 이룬 민주적 성취는 허무하게 무너져 내렸다.

주술과 권력의 결합은 과거의 유물이 아니다. 그것은

지금도 한국 정치의 심장부를 갉아먹는 구조적 위험이다. 현실을 직면할 능력조차 없고 도덕적 기반마저 취약한 정권은 비현실적 믿음에 기대어 자기 확신을 꾸며내려 한다. 자신의 능력과 손에 쥔 권력 사이의 간극이 클수록, 그들은 제도 밖의 기이한 언어를 동원해 정당성을 확보하려 든다. 애초에 내세울 근거가 없었기에 주술이라는 손쉬운 틀을 택했는지도 모른다. 그렇지 않고서야 자신이 어떻게 그 자리에 올랐는지 스스로에게도 설명할 수 없었을 테니 말이다.

그렇다면 묻지 않을 수 없다. 통치 역량도, 국민의 신뢰도 받지 못하는 이들이 어떻게 권력의 핵심부에 손을 뻗을 수 있었는가. 누구도 자격을 부여하지 않았고, 아무도 능력을 보증하지 않은 이들이 어떻게 권좌에 닿을 수 있었는가. 상식으로는 설명되지 않는 이 상황을, 그들 자신은 과연 어떻게 받아들였을까. 결국 비현실적 믿음만이, 그들 스스로를 납득시킬 유일한 답이었을지 모른다.

그러나 그들이 권력을 쥔 것은 신통력 덕분이 아니었다. 한국 정치판 자체가 비합리적이고 기회주의적으로 돌아갔기 때문이다. 견제 장치는 사라졌고, 정당 민주주의는 이름뿐이었으며, 후보를 검증할 시스템은 제 역할을 하지 못했다. 그런 무대 위에서는 능력과 책임감, 도덕성이 기준이 되지 못했다. 대신 '강력한 지도자'라는 이미지, '적을 심판해달라'는 대중의 욕망, '왕이 될 상'이라는 식의 주술적 언어가 새로운 자격처럼 통했다.

그들은 주술의 힘으로 권력을 잡은 것이 아니라, 권력을 쥔 뒤 자신의 불안과 부족함을 감추기 위해 주술을 불러냈을 뿐이다. 그러나 바로 그 믿음에 기대는 순간, 정권은 신뢰를 잃고 몰락의 길로 들어섰다. 주술은 현실을 바꾸는 힘이 아니라, 무능을 가리고 책임을 떠넘기며 공적 시스템을 갉아먹는 텅 빈 껍데기일 뿐이었다.

현실적 해법도 없고 통치 능력조차 갖추지 못한 정권은 그렇게 허구에 매달릴 수밖에 없다. 그리고 그 허구로 무능과 무책임을 덮으려 한다.

이 책은 바로 이 지긋지긋한 반복의 고리를 끊어내기 위한 하나의 시도다. 이 기이한 현상의 본질을 파헤치기 위해, 여러분을 특별한 '역사 속 거울의 방'으로 안내하고자 한다. 먼저 조선시대로 돌아가, 오늘날 우리가 마주한 비극과 기묘하게 닮아 있는 세 명의 왕을 만나게 될 것이다. 그들의 이야기를 통해 이 파멸의 공식이 어떻게 작동하는지, 그리고 왜 되풀이되는지 이해하게 될 것이다.

조선 왕조에서부터 박근혜·최순실 사태에 이르기까지, 무속과 정치가 결탁한 끝은 언제나 파국이었다. 그리고 지금, 그 익숙한 그림자가 다시 드리워져 있다. 윤석열 정권을 둘러싼 무속과 비선 논란은, 이 고질적인 병폐가 단지 과거의 문제가 아님을 똑똑히 보여준다. 이것은 특정 인물의 일탈을 넘어, 취약한 지도자를 비합리적인 믿음에 기대게 만드는 낡은 구조가 되살아난 것에 가깝다.

이 책은 되풀이되는 역사적 패턴을 추적하며, 그 믿음이 어떻게 한 나라의 시스템 전체를 마비시키고 지도자 자신을 파멸로 이끄는지 그 과정을 자세히 살필 것이다.

역사는 분명하게 말한다. 주술은 결코 독선적이고 무능한 정권의 방패가 되어준 적이 없었다. 오히려 통치자가 그 믿음에 기대는 바로 그 순간이 몰락의 시작점이었다.

이 책이 그 낡은 틀을 함께 마주하고, 우리 정치가 같은 실수를 답습하지 않도록 성찰의 계기를 제공하길 바란다. 대한민국의 민주주의가 무속의 그늘에서 벗어나 국민과 헌법의 언어로 바로 설 수 있을지, 이제 우리 스스로 증명해야 할 시간이다.

1부

무속과 정치
: 신앙과 권력의 위험한 공생

무속과 '무속 논란'

위기는 어떻게 신을 불러들이는가

무속과 '무속 논란'

박근혜·최순실 국정농단 사건 이후, '무속 논란'은 한국 사회에서 익숙한 단어가 되었다. 윤석열 정권 들어서 이 논란은 과거 어느 때보다 빈번하게 재조명되었고, 대통령 탄핵 이후에는 관련 인물들의 이름이 연일 오르내렸다. 논란의 중심에 있던 인물들에 대한 조사가 이루어지면서, '무속'은 수사와 정치 논쟁 속에서 지속적으로 회자되었다.

이처럼 정치권에서 반복적으로 불거지는 무속 논란은 단순한 해프닝이 아니라, 권력이 비합리적 신념에 의존하는 오래된 문제의 한 단면이다. 이 책은 그 뿌리에 자리 잡은 '주술'呪術적 사고가 권력과 결합하는 방식을 주목한다.

주술이란 초자연적 힘을 빌려 복을 빌거나 미래를 바꾸려는 모든 신념과 행동을 뜻한다. 여기에는 무당의 굿뿐만 아니라, 이후 본문에서 다룰 풍수風水, 도참圖讖, 점복占卜 등 다양한 형태가 포함된다.

특히 한국 사회에서 무속은 이러한 주술적 믿음이 오랫동안 뿌리내려 온 방식이자, 정치 권력과 가장 빈번하게 문제를 일으켜 온 핵심 통로였다. 따라서 권력이 주술에 기대는 방식을 제대로 파악하려면 먼저 한국 무속의 개념과 그 특성부터 살펴볼 필요가 있다.

무속이란 무엇인가

무속은 더 넓은 범주인 '민간신앙'의 일부다. 민간신앙이란 체계적인 교리 없이 민간에서 전승되어 온 주술적 신앙을 의미한다. 한국 사회에서 불교와 유교의 오랜 역사, 기독교의 강한 영향력조차 이 믿음을 완전히 대체하지 못했다. 민간신앙은 교리를 갖춘 종교로 발전하지는 못했지만, 한국인의 의식 속에 깊이 뿌리내리며 지금까지 지속되어 왔다.[1]

민간신앙의 범주는 개인의 운명을 점치는 점복이나 특정 행동을 금하는 금기禁忌부터, 가정의 제사나 마을 공동체의 동제洞祭에 이르기까지 폭넓게 아우른다. 이 책의 핵심 주제인 풍수와 도참, 그리고 무속 역시 민간신앙의 중

---

1. 손병선, 「韓國의 民間信仰이 政治文化에 미친 影響」, 『사회과학연구』 제1집, 1987, 97~114쪽.

한강 연안 흑석리에서 열린 동제 장면. 마을의 안녕을 기원하며 떡·과일·술 등 제물을 올려두고 절을 올리고 있다. 민속학자 송석하가 수집한 자료로, 아키바 다카시 등이 촬영한 사진이다. (사진 출처 : 국립민속박물관)

요한 일부다.

무속은 이러한 민간신앙 중에서도, 무당을 중심으로 전승되는 종교 현상을 가리킨다. 하지만 이 책에서 다루려는 '무속'은 단순한 전통 신앙이 아니다. 그것은 현대 정치와 긴밀히 맞물려 작동하는, 현실적인 믿음의 문제다.

민간신앙의 특징과 한계

민간신앙의 가장 큰 특징은 개인의 복을 구하는 성향이 강하다는 점이다. 따라서 구체적이고 즉각적인 문제 해결을 추구하는 경향이 두드러진다. 예컨대 비가 내리지 않아 농사에 어려움을 겪을 때 기우제를 지내거나, 병이나 우환이 있을 때, 재물과 복을 기원하며 지내는 다양한 의례가 이에 해당한다. 이러한 특성 때문에 매우 현세 지향적으로 발전했으며, 의례 또한 대부분 현실적인 이익을 목적으로 하는 주술적 경향을 띠게 되었다.

흔히 '무당'이라 불리는 민간신앙 종사자들은, 조선시대에는 팔천八賤 중 하나로 분류되어 사회적으로 천대받았다. 현대에도 이들에 대한 편견은 여전하며, 신앙 종사자들은 대부분 서민 계층에 속한다. 이는 사회 지도층 역할을 하는 세계 주요 종교의 성직자들과 뚜렷이 대조되는 지점이다. 특히 한국 사회에서는 무당이 사회적·정치적으로 영향력을 행사할 경우, 이는 큰 논란을 일으키기도 했다.

일제강점기 함남 북청읍에서 촬영된 무당의 굿 장면. 굿은 마을의 평안과 개인의 안녕을 기원하는 대표적인 무속 의례였다. (사진 출처 : 국립중앙박물관)

민간신앙의 또 다른 특징은 상대적으로 윤리의식이 결여되어 있다는 점이다. 주요 종교와 달리 창시자나 지도자가 없고, 사회 전체를 아우르는 윤리관이나 조직적 체계를 갖추지 못했다. 그 관심사가 개인과 가족의 안녕에만 집중되다 보니, 공동선을 지향하는 이념으로 확장되지 못했다. 이로 인해 타인이나 타 집단에 대해서 폐쇄적이거나, 때로는 적대적인 태도를 보이기도 한다.[2]

이러한 민간신앙의 특징을 가장 잘 보여주는 대표적인 형태가 바로 무속이다. 무속은 무당을 사제로 하여 '굿'을 통해 초월자, 즉 다양한 신령과 귀신들에게 복을 비는 신앙 형태이다. 무속은 대중적 영향력 면에서 한국 민간신앙의 중심을 차지한다.[3]

무속에서 풍수·도참까지 : 한국 주술 세계의 형성

한국의 무속은 불교나 도교 같은 여러 종교와 서로 영향을 주고받으며 형성되었다. 그중에서도 이 고유 신앙의 신비주의를 심화시키는 데 가장 큰 역할을 한 것은 도교였다.

---

2. 박계홍, 『한국민속연구』, 형설출판사, 1982.
3. 같은 책.

도교의 신선설神仙說은 인간이 현세의 육체 그대로 장생불사할 수 있는 신선이 될 수 있다고 믿으며, 그 방법을 찾으려는 사상이다. 불교의 영향을 받아 하나의 독자적인 종교로 자리 잡았고, 중국에서는 불교와 결합하면서 주술적 성격이 한층 강화되었다. 이후 이렇게 변형된 도교가 한국에 전해지면서, 기존의 민간신앙을 자극하고 불교와 더불어 신비주의 색채를 더욱 짙게 만드는 데 중요한 역할을 했다.

유교 역시 민간의 주술적 신앙과의 상호 작용에서 벗어나지 않았다. 본래 유교는 주술을 배척했지만, 조선시대에 들어서면서 민간신앙과 얽히며 긴밀한 영향을 주고받았다. 특히 『주역』에서 비롯된 음양오행 사상은 본래의 철학적 깊이를 잃고, 인간의 운명이나 길흉을 점치는 기술로 민간에 널리 퍼졌다. 별자리와 하늘의 움직임을 살피는 천문, 시간과 변화의 흐름을 해석하는 역학, 얼굴과 몸짓을 관찰하여 운세를 보는 관상과 같은 다양한 점술이 '방술'方術이라는 이름으로 유행했다. 이 과정에서 음양오행 이론은 체계적인 교의나 철학보다는 길흉을 점치는 수단으로 단순화되었다. 승려와 일반인 모두가 이를 신앙적으로 수용하며 생활 속의 관습으로 받아들였다.

풍수는 바로 이 음양오행 사상의 한 갈래로, 땅의 기운이 인간의 삶과 운명을 좌우한다고 믿는 신앙이다. 좋은 기운이 모인 땅에 집이나 무덤을 자리 잡으면 건강과 부귀가 따른다고 여겼고, 반대로 나쁜 기운이 흐르는 곳은 불운과 재앙을 불러온다고 보았다. 풍수는 통일신라 말기에 전래되어 고려 왕실에서 적극적으로 수용되었고, 고려 말을 거치며 민간 사회 전반으로 퍼져나갔다. 조선시대에 이르러 풍수신앙은 『정감록』鄭鑑錄과 같은 예언서의 도참사상과 결합하여 사회적으로 큰 파장을 일으켰다.

『정감록』은 조선 중기 이후 민간에 널리 퍼진 예언서로, 풍수사상과 도참신앙이 결합된 형태였다. 이 예언서는 기존 왕조의 몰락과 새로운 왕조의 탄생을 필연으로 보았다. 『정감록』에 따르면, 왕의 운수는 정해져 있으며, 그 운이 다하면 천명天命을 받은 새로운 인물이 새 도읍을 열고 왕위에 오른다는 것이었다. 이러한 믿음은 사회를 뒤흔들었다. 각지에서 새로운 도읍 후보지를 찾는 움직임이 일었으며, 심지어 스스로를 새로운 왕이라 자처하는 인물까지 등장했다. 그리고 이는 민간의 주술적 믿음에 불을 지폈다.

결론적으로, 한국인의 전통적 정신 세계를 지배한 믿음은 무巫를 중심으로 한 토착 신앙이 그 뼈대를 이룬다. 여기에 불교·도교의 신비주의와 유교에서 비롯된 음양오행, 풍수, 도참사상이 더해져 한국 특유의 신비주의적 신앙이 만들어진 것이다.[4]

백운사 산신도(永植筆 山神圖 白雲寺本, 1869). 도교의 신선, 불교의 수호신, 유교적 제례 요소가 뒤섞인 산신 신앙을 보여주는 대표적 불화. 소나무 아래 호랑이에 기대앉은 산신과 동자·동녀의 모습은 조선 후기 산신도의 전형을 잘 담고 있다. (사진 출처 : 국가유산청)

이는 크게 세 갈래로 나눌 수 있다.

첫째, 전통 무속이다. 이는 인생의 길흉화복이 초월적 힘에 달려있다고 믿으며, 무당의 주술을 통해 현실의 문제를 해결하고자 한다.

둘째, 점복과 예언 신앙이다. 인간의 힘으로 알 수 없는 미래를 신비로운 방법으로 예측하여 재앙을 피하려는 믿음으로, 불확실한 미래에 대한 인간의 불안과 기대를 반영한다.

셋째, 풍수도참이다. 좋은 집터나 명당을 찾아 심리적인 안정과 행운을 얻으려는 믿음을 말한다.[5]

무속신앙의 태생적 한계와 정치적 기능

이러한 민간신앙의 공통점은 눈에 보이지 않는 초월적 힘의 존재를 전제한다는 점이다. 이들의 세계관에서는 자연계가 고유한 법칙에 따라 움직이는 것이 아니라, 신령의 뜻이나 하늘과 땅의 기운, 땅이 품은 생명력과 같은 보이지 않는 힘에 의해 좌우된다고 여겨진다.

---

4. 한태수,「한국대중의 정치의식에 대한 고찰」,『지양 신기석 박사 화갑기념 학술논문집』, 삼화인쇄소, 1968.
5. 유동식,「한국의 민족·종교사상개설」,『한국의 민속·종교 사상』, 삼성출판사, 1977.

민간신앙이 지향하는 인생관은 지극히 현실적이다. 장수와 부, 평안 같은 생존적 가치를 인생 최고의 목표로 삼는다. 종교관 또한 인간이 주술적 의례를 통해 자신의 운명에 적극적으로 개입할 수 있다고 믿는다.[6]

따라서 한편으로는 운명론에 순응하는 듯하면서도, 다른 한편으로는 굿이나 점복, 풍수도참 같은 행위로 운명을 자신에게 유리하게 바꾸려는 모순적인 태도가 공존한다. 무당의 굿, 점복, 풍수와 도참신앙은 모두 이러한 인식의 산물이었다.[7]

민간신앙의 세계관·인생관·종교관은 개인의 신앙 차원을 넘어 정치적으로 그 기능이 확장되었다. 특히 조선 후기에는 도참적 예언이 민중 봉기나 왕권 교체론의 명분으로 활용되었다. 이 과정에서 민간신앙은 정치의 길흉을 예언하거나 징조를 해석하는 방식으로, 대중의 정치의식 형성에도 큰 영향을 미쳤다.

정치학자 손병선은 이러한 무속신앙의 특징을 날카롭게 지적했다. 그는 무속신앙은 자신에게 유리하다면 끝없이 정치를 이용하고 이용당하는 것을 자연스럽게 여기는 사고방식을 가진 종교라고 보았다.[8]

---

6. 손병선, 「韓國의 民間信仰이 政治文化에 미친 影響」, 앞의 책.
7. 유동식, 「한국의 민족·종교사상개설」, 앞의 책.
8. 손병선, 「韓國의 民間信仰이 政治文化에 미친 影響」, 앞의 책, 101쪽.

손병선은 무속의 내재적 한계가 정치와 결합할 때 드러나는 위험성을 더욱 깊이 파고들었다. 그의 분석에 따르면, 무속신앙에서 신(神)은 숭배의 대상이라기보다 인간의 소망을 이루기 위한 '도구'로 기능하는 경향이 짙다. '신성의 도구화'는 신도들로 하여금 당장의 이해관계에만 매달리게 하고, 보다 추상적이고 보편적인 가치 탐구를 어렵게 만든다. 또한 개인은 스스로 문제를 해결하려는 자율적 의지를 기르기보다 초월적 힘에 기대려는 유아적 심성에 머물기 쉽다. 이러한 의존은 인간을 점차 수동적이고 타율적 존재로 만들며, 삶의 주인이 되고자 하는 노력과 자아의 독립성을 약화시키게 된다. 결국 맹목적 신앙은 인간이 지녀야 할 존엄성과 자율성마저 마비시킬 위험을 안고 있다.

물론 무속신앙이 오랫동안 한국 사회에서 심리적 안정과 공동체 결속을 다지는 긍정적 역할을 해 온 것도 사실이다. 그러나 손병선의 비판은 무속신앙이 지닌 잠재적 위험성과 한계를 분명히 짚어내며 중요한 시사점을 제공한다.

무속, 풍수, 도참 등은 오랜 세월 인간의 운명과 길흉을 설명해 온 주술적 믿음 체계였다. 앞서 살펴본 바와 같이, 무속은 좁게는 무당의 굿과 같은 제의 형태를 뜻하지만, 역사적으로는 풍수·도참 등과 긴밀히 얽히며 한국 특유의 신비주의 신앙을 형성해 왔다. 이 점에서 오늘날 사회적으로 회자되는 '무속 논란' 역시 무속만이 아니라 이와 결합된 주술적 신앙 전반을 가리키는 경우가 많다.

따라서 이 책에서는 전통적 주술 신앙 전반을 편의상 '무속'이라는 대표 명칭으로 묶어 다루고자 한다. 여기서 말하는 무속은 사전적 의미에 한정되지 않고, 정치적으로 문제 되는 '미신'의 성격까지 포함하는 확장된 개념이다. 이러한 맥락에서 무속은 단순히 개인의 신앙을 넘어, 한국 정치 문화 속에 깊이 각인된 구조적 현상으로 이해해야 한다.

위기는 어떻게 신을 불러들이는가

근대에 접어들며 정치와 종교는 공식적으로 분리되었지만, 역사적 흐름은 현대에 이르기까지 양자가 완전히 분리되기 어렵다는 사실을 보여주고 있다.

오늘날 정치에서 반복되는 무속과 권력의 결합은 갑작스러운 이상 현상이 아니다. 이는 한국 정치 깊은 곳에 뿌리내린, 오래된 관습이 되풀이되는 것에 가깝다. 이 현상은 단지 현대 정치의 일탈로만 치부할 것이 아니다. 오히려 현재와 가까운 조선 왕조의 통치 방식과 문화적 유산 속에서 그 본질이 더 선명하게 드러난다.

조선시대의 주술적 신앙은 단순히 민간신앙에만 머무르지 않았다. 왕실의 길흉을 점치는 것을 넘어, 왕의 권위를 신비화하고 통치의 정당성을 뒷받침하는 도구로 기능했다. 국운의 흐름을 읽고 왕실의 안위를 점치는 이러한 믿음은 때로 정적을 제거하는 명분이 되었으며, 정국의 방향을 바꾸는 정치적 언어가 되기도 했다.

조선시대 무속의 역할 : 일상과 위기 속, 공동체의 언어

조선시대 일반 백성들의 삶에서 민간신앙은 매우 중요한 역할을 했다. 농업 중심 사회에서 백성들은 재해 없는 한 해와 풍년을 간절히 기원했다. 이를 위해 마을마다 매년 봄과 가을에 정기적으로 동제洞祭를 지냈고, 제의는 주로 마을의 무당이나 장로들이 주관했다. 농사의 성패는 생존과 직결되었기 때문에, 백성들은 기후와 재해라는 불확실성에 민감하게 반응했다. 이는 불안을 달래는 절박한 해법이었고, 서낭당이나 당산나무는 마을 신앙의 중심이 되었다. 사람들은 그 앞에서 소망을 빌고 두려움을 나누었다. 일상에서 이러한 믿음은 공동체의 불안을 조율하며, 위기가 닥쳤을 때 주술에 의지하게 되는 토대가 되었다.

질병이 발생했을 때도 백성들은 초자연적 믿음에 강하게 의존했다. 당시 의료 체계는 매우 열악했고, 일반 백성들이 병에 걸렸을 때 이용할 수 있는 의료 수단은 극히 제한적이었다. 병이 나거나 가족 중 누군가 위독한 상황에 처하면, 무당을 불러 병굿을 하는 것이 흔한 대응책이었다. 주술적 치료 행위는 실제 의료 효과와 무관하게 심리적 안정과 위안을 제공했다. 사람들은 병의 원인을 귀신의 작용이나 조상신의 노여움으로 이해했고, 이를 달래기 위한 굿과 의식에 한층 더 매달렸다.

병굿 장면. 질병을 낫게 하고 재앙을 막기 위해 진행된 무속 의례. 제물과 꽃을 차려 놓고 무당이 굿을 집전하며 가족과 마을 사람들이 함께 참여하고 있다. (사진 출처: 한국학중앙연구원)

더 나아가 출생과 사망 같은 인생의 전환점에서도 무속은 깊숙이 스며들었다. 삼신굿, 돌굿, 혼인굿, 진오기굿, 씻김굿 등은 단순한 통과의례가 아니라 개인과 가족의 불안을 해소하는 정서적 장치였다. 특히 의료나 복지 같은 제도적 보호가 부족했던 조선 사회에서, 이는 삶의 불확실성을 견디게 해 주는 정신적 버팀목이었다.

 이러한 신앙에 대한 의존은 특히 피지배층에서 더욱 뚜렷하게 나타났다. 사회적으로 소외된 이들에게 그것은 국가의 공식 이념이었던 유교적 질서가 미치지 못한 자리를 대체했다. 제도의 손길이 미치지 않는 현실에서 민간신앙은 오히려 더 즉각적이고 현실적인 위로와 설명을 제공하는 통로였다. 이는 사회적 불안을 흡수하는 동시에, 피지배층에게 스스로 삶을 통제할 수 있다는 믿음을 심어주었다.

 그러나 이 신앙은 단지 백성들의 심리적 위안에만 국한되지 않았다. 정치적 위기가 닥쳤을 때, 무속은 흉흉해진 민심을 하나로 묶는 통합의 도구가 되거나, 통치자의 결정을 '신의 뜻'으로 꾸미는 명분으로 활용되었다. 이처럼 민심을 다독이고 권력을 신비화하는 무속의 오랜 역할이야말로, 오늘날 위기에 처한 지도자들이 다시금 주술에 기대는 역사적 토양이 된다.

위기 때마다 호출되는 무속

주술적 믿음이 사회적 위기 속에서 대안으로 떠오르는 현상은 조선시대만의 이야기가 아니다. 역사적으로 사회가 급변하거나 정치·경제적 위기가 닥칠 때마다, 사람들은 현실적 해결책보다 당장의 안도감을 주는 초자연적 믿음을 찾곤 했다.

그러나 그것이 언제나 소외된 이들의 편에 섰던 것은 아니다. 공동체의 불안을 어루만지고 사람들에게 해석과 위안을 제공하던 무속은, 때때로 지배층에 의해 불려 가 그들의 필요에 맞게 재편되었다. 본래 서민의 삶 속에서 자생한 이 믿음은 지배 권력이 손을 뻗어 통제하려 들면서 그 고유한 기능을 잃고 권력의 도구로 전락했다. 이 전환의 가장 선명한 예는 바로 일제강점기였다.

일제강점기 : 권력에 의해 재편된 무속

일제는 1912년 〈경찰범 처벌 규칙〉을 제정해 무당의 굿, 점, 부적 등을 모두 금지하고, 이들을 비합법적 행위로 규정했다. 굿은 음란하고 미신적인 것으로, 점은 사회질서를 해치는 것으로 간주해 마을 단위의 동제나 개인의 병굿이 단속 대상이 되었다. 그러나 일제는 이러한 믿음을 단순히 억압하는 데 그치지 않았다. 오히려 그것을 자국의 통치 이념인 신도神道에 접붙이기 위해, 토착 신앙의 내용을 바꾸고 제도화하려는 방향으로 개입했다.

일부 무당에게는 신사 신앙 중심의 신도 교육이 강제로 이루어졌고, 경성과 경기 지역에는 〈숭신단체〉라는 조직이 설립되어 민간의 믿음을 식민 통치에 협조하도록 유도했다.[1]

전통 무속은 일반 백성의 감정과 생존을 다루는 자생적 언어였지만, 이 시점부터 식민 지배 세력의 논리에 맞춰 재편되기 시작했다. 굿은 공동체의 의례에서, 제국의 질서 속에서 관리되어야 할 대상으로 바뀌었다. 이들의 신앙은 더 이상 아래로부터 솟아오르는 해석이 아니라, 위에서 내려온 명령의 틀 안에 갇히게 되었다. 이렇게 호출된 무속은 본래의 기능을 잃고, 식민 통치의 정당성을 보완하는 장치로 변질되었다.

근현대 한국 사회, 무속의 재등장

무속은 권력이 정치적 수단으로 활용했던 시기뿐 아니라, 사회 전체가 불안과 위기에 처했을 때도 크게 성행했다. 전쟁과 같은 극단적인 상황은 물론, 경제 위기나 정

---

1. 박찬승, 「일제의 민간신앙 정책과 숭신단체」, 『민족문화연구』 제52집, 2009.

치적 전환점을 맞을 때마다 주술과 점술은 더욱 기승을 부렸다.

1950년대 한국전쟁 이후, 사회는 극심한 동요와 혼란에 휩싸였다. 많은 이들이 가족과 생이별하거나, 생사를 알 수 없는 상황에 놓였다. 이처럼 한 치 앞을 알 수 없는 절망 속에서, 미래에 대한 막막함을 달래고 실낱같은 희망을 찾기 위해 점술에 매달렸다. 당시 서울 동대문과 남대문 일대에는 점집이 부쩍 늘어났다. 실종 가족의 생사나 귀환 시기를 묻기 위해 점을 보고, 전쟁 부상자를 위해 병굿을 의뢰하는 경우도 많았다.

이후 1960년대는 한국 사회에 급격한 도시화가 진행된 시기였다. 농촌 인구가 도시로 대거 유입되면서 사회 구조와 생활 방식에 큰 변화가 일어났다. 이 과정에서 상경한 이들은 낯선 환경과 불안정한 삶에 직면했고, 불안한 현실을 달래기 위해 점집이나 무당을 찾는 경우가 많았다.

1997년 외환위기 때도 상황은 비슷했다. 많은 기업이 도산하고 실업률이 급증하는 등 사회 전반에 극심한 위기감이 확산했다. 경제적 어려움 속에서 미래에 대한 불확실성이 커지자, 많은 이들이 점술이나 굿을 통해 초조함을 해소하고 희망을 찾고자 했다. 사업에 실패하거나 실직한 이들이 재운을 빌기 위해 굿을 의뢰하는 사례가 늘었다. 「IMF 이후 굿 손님이 두 배로 늘었다」[2]라는 언론 보도는 당시 분위기를 단적으로 보여준다. 서울 강남과 종로 일대에는 무속인 사무실이 늘어났고, 용하다는 점집은 예약조차 어려울 정도로 붐볐다.

이러한 현상은 위기 상황에서 공적 제도가 제 기능을 하지 못할 때 나타난다. 사람들이 힘든 현실을 받아들이고 견디기 위해 기대는 방식 중 하나로서, 제도 밖의 믿음이 어떻게 호출되는지를 보여주는 장면이다.

불확실한 시대, 정치의 영역으로 소환된 무속

현대 한국 사회에서도 정치적 혼란이 깊어지고 미래를 예측하기 어려워질수록, 무속이나 점술 같은 초자연적 설명에 의존하는 경향이 두드러진다. 불확실한 시대에는 객관적 논리나 사실에 대한 신뢰가 약화하면서, 때로는 주관적인 '느낌'이나 '예감'에 따라 판단하는 경향이 나타나기도 한다.

2024년 12월, 대통령 윤석열의 비상계엄 선포로 촉발된 탄핵 정국은 그 대표적인 사례였다. 이 전례 없는 사태는 사회 전체를 한 치 앞을 알 수 없는 혼돈 속으로 밀어넣었고, 사람들의 불안감은 극에 달했다. 바로 이 틈을 타,

---

2. 「[특집] 부적 — "IMF 위기, 실업잡귀는 물렀거라"」, 『朝鮮日報』, 1998년 6월 10일 수정, 2025년 8월 5일 접속, https://www.chosun.com/site/data/html_dir/1998/06/10/1998061070152.html.

유튜브와 같은 온라인 플랫폼에는 운세나 역술을 다루는 콘텐츠가 눈에 띄게 늘어났다.

'윤석열 사주', '김건희 운세', '국운 예언'과 같은 검색어로 유튜브에 접속하면, 수많은 무속 유튜버가 정권의 미래를 예측하고 분석하는 영상들을 쏟아냈다. 이들은 대통령의 임기 종료 가능성이나 대통령 부부의 사주를 근거로 정권 향후를 예측하는 콘텐츠를 지속적으로 생산했다.

정치 상황에 대한 의구심이나 궁금증을 가진 사람들은 자극적이고 흥미로운 콘텐츠를 찾아 시청하며 주관적 판단을 강화했다. 특히 자신의 정치적 성향과 일치하는 예측이나 해석을 담은 영상을 소비하며, 그 믿음을 더욱 공고히 하는 경향을 보였다.

대통령 탄핵과 같은 정치적 이슈를 둘러싸고 운명을 점치는 영상이 널리 퍼지는 현상을 어떻게 보아야 할까?

물론 온라인 공간에서 주술적 예측이 성행하는 환경이 이 시기에 처음 생긴 것은 아니다. 그러나 극심한 정치적 불안감은 기존의 주술 콘텐츠 시장에 강력한 촉매제 역할을 했다. 정치 이슈가 대중의 관심을 끄는 자극적인 소재가 되면서, 주술적 예측은 온라인 공간에서 영향력을 폭발적으로 확장하는 계기를 맞은 것이다. 그리고 그 배경에는 무속이 현대 미디어 환경을 발판 삼아 손쉽게 대중에게 파고드는 구조적 문제가 자리 잡고 있다.

미디어 시대, 주술의 부활

온라인 플랫폼은 무속인들이 직접 대중과 소통하고 콘텐츠를 확산시키는 강력한 무기가 되었다. 이는 전통적인 방식에 비해 접근성이 좋을 뿐 아니라, 익명성을 바탕으로 더 자극적이고 단정적인 주장을 펼치기 쉽다는 특징이 있다. 방대한 정보와 복잡한 분석에 피로감을 느낀 대중은 쉽고 간결한 설명을 선호하게 된다. 주술적 해석은 이러한 욕구에 맞춰 빠르고 직관적인 해답을 제공한다.

하지만 이는 종종 편향적이고 배타적인 주장을 담고 있어 사회적 갈등과 분열을 심화시킬 위험이 있다. 왜곡된 정보 습득은 객관적 사실이나 논리적 분석보다 주술적 예측을 정치 판단의 근거로 삼게 만든다. 일부 콘텐츠는 단정적인 어조와 자극적인 내용으로 대중의 불신과 불만을 증폭시키며, 심리를 자극하고 선동하는 수단으로 활용된다. 이는 소셜 미디어를 통해 빠르게 공유·확산하며 여론 형성에 영향을 미치게 된다.

그렇다고 해서 이와 같은 현상을 단지 자극적 콘텐츠 탓으로만 돌릴 수 없다. 현실 문제에 대해 제도권 정치와 언론이 제 역할을 하지 못할 때, 사람들은 해석의 근거를 다른 곳에서 찾기 시작한다. 공식적인 언어가 신뢰를 잃은 상황에서는, 오히려 자신의 믿음을 확인해 주는 달콤한 이야기가 객관적인 사실보다 더 큰 힘을 발휘한다.

불확실하고 통제하기 어려운 현실 앞에서 무력해진 사람들은, 상황을 이해하고 미래를 예측하려는 강한 욕구를 품게 된다. 특히 권력 갈등이나 정치적 사건은 일반 대중이 그 속사정을 제대로 알기 어렵다. 이때 주술적 해석이나 음모론 같은 '비공식적 이야기'는 복잡한 현실을 '선과 악'처럼 단순하고 명쾌한 구도로 설명해 주며 대중의 마음을 파고든다.

이러한 경향은 2024년 탄핵 정국을 전후하여 폭발적으로 증가한 무속 유튜브 콘텐츠에서 구체적으로 확인할 수 있다. 예를 들어, 수백만 회의 조회수를 기록한 〈무당판독기〉 채널의 영상에서 무속인은 대상자(윤석열)의 사주를 보고 "계엄령을 선포하고 일본 군대를 끌어들일 것"이라며 극단적인 파국을 예언했다.[3] 또한 〈사주한바퀴〉 채널의 영상에서는 무속인이 대상자(김건희)를 "꽃뱀 구렁이"에 비유하며, 남편의 몰락은 전적으로 배우자의 사악한 기운과 주술적 행위 때문이라고 주장했다.[4] 〈신점의모든것〉

---

3. 「(계엄령 예언 무당) 애동제자 접신되어 신점으로..!!」, 〈무당판독기〉, 2024년 8월 30일 발행, 2025년 9월 8일 접속, https://youtu.be/_2IfZ7P5OnM?si=2tQwsaJ_fyf4w9Ta.
4. 「무당 행세하다 비명횡사한다?!」, 〈사주한바퀴〉, 2024년 5월 3일 발행, 2025년 9월 8일 접속, https://youtu.be/9qx2__S-pcs?si=0RnzbXMDMSUlt52U.

위기는 어떻게 신을 불러들이는가

채널 역시 지도자의 몰락을 "자격 없이 무임승차한 자의 업보 청산"으로 규정했다.[5]

이처럼 이들 콘텐츠는 국정 운영의 구조적 실패나 정책의 모순이라는 복잡한 현실을 분석하는 대신, 모든 원인을 '운명'이나 '개인의 악행'으로 환원한다. 결국 복잡한 정치적 책임을 '권선징악'이라는 단순한 주술적 심판 구도로 대체함으로써, 제도권 정치가 제공하지 못하는 명쾌한 서사를 대중에게 선사하는 셈이다.

무당과 역술가의 영상이 인기를 끄는 또 다른 이유는 바로 현실의 정치적 대립과 혼란 속에서 경험하는 무력감과 좌절감 때문이다. 대중이 이러한 설명과 예측에 귀를 기울이는 것은, 자신들의 정치적 무력감에 대한 위로를 받고 불확실한 미래에 대해 심리적 안정감을 얻으려는 시도이기도 하다. 사람들은 자신의 신념이나 희망에 부합하는 정보를 더 잘 받아들이는 확증 편향을 가지고 있다. 해당 콘텐츠는 그 심리를 파고들어 믿고 싶은 대로 해석해 주는 '맞춤형' 설명을 제공함으로써 더욱 강한 설득력을 갖게 된다.

바로 이 지점에서 무속은 단순한 대중의 위안을 넘어,

---

5. 「(계엄령 선포 예언 적중) 50년차 큰스님을 찾아가 윤석열 사주만 드렸어요...」, 〈신점의모든것〉, 2024년 12월 3일 발행, 2025년 9월 8일 접속, https://youtu.be/m4XE_vEG7yI?si=3tIst348gAQ2gnUo.

권력이 대중의 동요를 관리하고 통제하는 수단으로 다시 정치의 영역에 등장하게 된다.

한국 사회는 역사적으로 토착 신앙 문화가 깊숙이 뿌리내려 왔으며, 근대화 이후에도 다양한 형태로 잔존해 왔다. 특히 위기 상황에서는 이러한 믿음에 대한 의존이 다시 강화되는 경향이 있다. 사회적으로 신뢰할 수 있는 합리적 담론이나 비판적 사고가 부재한 상황에서는 비이성적인 설명이 빠르게 확산될 수 있는 토양이 마련된다.

현대 정치에서 무속이 다시 고개를 드는 것은 단순한 미신의 부활이 아니다. 이는 사회 시스템에 대한 깊은 불신, 거대한 혼돈 앞에서 흔들리는 대중의 마음, 유튜브와 같은 새로운 미디어 환경, 그리고 우리 의식 속에 남은 전통 신앙의 오랜 영향력이 복잡하게 얽혀 만들어 낸 현상이다.

정치란 본래 불확실성을 줄이는 것이어야 하지만, 오늘날의 정치 언어는 오히려 혼란을 증폭시키고 있다. 이로 인해 대중은 차라리 '예측 가능한 불합리'를 선택한다.

결국, 주술적 서사는 두 가지 얼굴을 가진다. 대중에게는 불확실한 현실을 견디는 위안의 언어가 되고, 권력에게는 그 대중의 좌절을 흡수하여 통제력을 행사하는 유용한 도구가 된다. 따라서 정치적 혼란이 계속되고 미래가 더욱 불투명할수록, 한국 사회에서 무속과 점술은 더 자주, 더

쉽게, 그리고 더 정치적으로 소환될 것이다.

파멸의 4단계 : 주술 의존형 권력 붕괴 모델

권력이 반복해서 주술의 힘을 빌리는 현상은 왜 시대를 넘어 반복되는 것일까? 역사는 지도자가 무속에 빠지는 현상보다, 그런 일이 가능하게 하는 정치 구조의 허점이 더 본질적 문제임을 보여준다. 주술적 믿음은 정상적인 정치가 길을 잃었을 때 그 빈자리를 채우며 등장한다. 그리고 그 등장은 체제가 얼마나 취약한지, 통치자가 얼마나 불안한지를 보여주는 명확한 신호가 된다. 결국 무속은 언제나 그 시대 권력의 가장 약한 부분을 비추는 거울과 같았다.

그렇다면 이러한 구조는 구체적으로 어떻게 작동하는가? 이 책에서는 그 작동 원리를 하나의 '공식'으로 제시한다. 바로 권력이 비합리적 믿음에 기댄 끝에 자신을 스스로 파괴하는 과정, 즉 '주술 의존형 권력 붕괴 모델'이다.

이 모델은 다음과 같은 네 가지 상호 연관된 단계로 구성된다.

1단계 : 권력 기반의 취약성과 불안의 발현
정통성이 취약하거나 통치 역량이 부재한 권력자는 깊

은 위기감에 사로잡힌다. 스스로를 신뢰하지 못하는 이들은 자신의 존재 이유와 결정의 정당성을 외부에서 찾으려 하고, 바로 이 지점에서 붕괴가 시작된다.

2단계 : 공적 시스템의 붕괴와 고립

리더는 자신을 향한 비판과 견제를 '도전'으로 규정하고, 이성적 조언을 제공하는 공식적인 시스템(언론, 관료, 제도)을 불신하고 무력화시킨다. 이 과정에서 소통 채널을 차단한 권력은 자신을 스스로 고립시키고, 객관적인 현실 인식 능력을 잃는다.

3단계 : 비합리적 대안의 부상과 도구화

이렇게 비어버린 권력의 심층부를 주술, 비선, 음모론과 같은 몰이성적 대안이 파고든다. 이들은 권력자의 초조함을 달래고, 복잡한 현실에 대한 손쉬운 해답을 제공하며, 무엇보다 무능을 가리고 책임을 전가하는 가장 편리한 권력 유지 '도구'로 기능한다.

4단계 : 자기 파괴적 악순환과 몰락

이 비합리적 도구에 대한 의존이 깊어질수록 권력은 현실과 더욱 괴리된다. 주술적 믿음은 현실을 더욱 왜곡하고, 이성적 판단을 가로막고, 공적 시스템을 무너뜨린다.

```
┌─────────────────────────────────────────────────┐
│        1단계 : 권력 기반의 취약성과 불안의 발현        │
├─────────────────────────────────────────────────┤
│  정통성·통치 역량 부족 → 위기감 고조 → 정당성을 외부에서 찾음 │
└─────────────────────────────────────────────────┘
                        ⇩
┌─────────────────────────────────────────────────┐
│           2단계 : 공적 시스템의 붕괴와 고립            │
├─────────────────────────────────────────────────┤
│  비판·견제를 도전으로 규정 → 이성적 조언 시스템 불신·무력화 │
│           → 소통 차단·고립 → 현실 인식 상실           │
└─────────────────────────────────────────────────┘
                        ⇩
┌─────────────────────────────────────────────────┐
│           3단계 : 비합리적 대안의 부상과 도구화          │
├─────────────────────────────────────────────────┤
│   주술·비전·음모론이 공백을 침투 → 초조함 완화·현실 단순화·  │
│                  책임 전가의 도구화                 │
└─────────────────────────────────────────────────┘
                        ⇩
┌─────────────────────────────────────────────────┐
│           4단계 : 자기 파괴적 악순환과 몰락            │
├─────────────────────────────────────────────────┤
│    주술 의존 심화 → 현실 왜곡 → 판단력 차단·공적 체계 잠식  │
│                → 불안 심화 → 몰락                  │
└─────────────────────────────────────────────────┘
```

도표 1. 파멸의 4단계 : 주술 의존형 권력 붕괴 모델

왜곡된 현실은 불안을 증폭시키고, 그 불안은 곧 더 깊은 주술 의존으로 이어진다. 이것이 바로 권력이 자신의 꼬리를 물고 자신을 스스로 질식시키는, 자기 파괴의 마지막 단계다. 이 악순환은 결국 정권의 몰락을 재촉한다.

2부에서는 이 모델이, 각기 다른 역사적 조건 속에서

어떻게 구체화했는지를 세 가지 질문으로 파고든다.

첫째, 국정이 어떻게 군주 한 사람의 통제 불능한 '심리'의 배설구로 전락했는가.

둘째, 취약한 정통성에서 비롯된 강박관념을 어떻게 '공간'의 논리로 해소하려 했는가.

셋째, 사사로운 연줄은 어떻게 공적 체계를 무너뜨리는 '관계'의 부패로 귀결되었는가.

그리고 이 모든 역사적 변주가 21세기 대한민국에서 어떻게 하나의 총체적 증상으로 집약되었는지를 확인하게 될 것이다.

2부

자멸의 평행 이론
: 주술에 잠식된 왕좌

왕권의 그림자 : 조선 시대 무속의 이중적 위상

분노의 왕, 연산군 : 감정 정치

격노하는 대통령 : 위력 없는 권위

불안의 왕, 광해군 : 도참 정치

제왕이 되려던 대통령 : 조작된, 아니 조악한 권위

무능의 왕, 고종 : 비선 정치

다시 또, 무속

왕권의 그림자 :
조선시대 무속의 이중적 위상

유교 국가 조선, 무속을 '음사'淫祀로 규정하다

조선은 철저히 유교 국가를 지향했다. 이성계가 고려를 무너뜨리고 세운 새 왕조는, 성리학을 통치 이념으로 삼아 새로운 권위를 정당화했다. 성리학은 이성과 도덕, 규범을 중시했기에, 민간의 주술적 신앙과 집단적 의례는 자연스럽게 배척당했다.

조선의 지배층은 국가 제례를 무엇보다 중요하게 여겼다. 종묘사직 제사를 비롯한 유교 의례는 엄숙하고 절제된 방식으로 진행되었다. 이에 비해 무속의 굿판은 북소리와 춤, 신령의 발화와 몸짓이 어우러져 감각적이고 열광적인 분위기를 자아냈다. 이처럼 절제와 이성을 강조한 성리학적 제례와, 집단적 열정을 불러일으키는 무속 제의는 근본적으로 서로 충돌할 수밖에 없었다.

유교가 이성과 규범을 강조했다면, 무속은 초자연적 존재에 기대어 현실의 복을 기원하는 신앙이었다. 유교 지배층은 이를 미신으로 간주하고 백성들을 현혹하는 행위로 보았다. 결국 조정은 유교 예법에 어긋나는 제사를 '음란하고 사악하다'고 하여 음사淫祀로 규정하며 금지했다.

강력한 탄압과 이중적 활용

조선의 제사는 나라의 통제와 관리를 받는 '정사'正祀를 중심으로 이루어져야 했다. 따라서 관의 허가를 받지 않거나 민간의 자발적인 무속 의례는 '음사'로 규정되어 탄압을 받았다.『조선왕조실록』에는 태조 즉위 원년부터, 음사를 금지하고 단속해야 한다는 신하들의 상소가 끊이지 않았다.[1]

성리학자들과 지식인들은 무당을 나라의 기강을 어지럽히는 요사스럽고 간악한 존재로 여겨 억압했다. 이에 따라 도성 내 무당의 거주·출입 및 무업 행위를 금지하고 세금을 부과했다. 무당을 의료기관인 동서활인서에 배치해 나라에 봉사하게 하기도 했으며,[2] 도성 안의 무당을 색출해 처벌하는 규정까지 마련했다.[3] 심지어 "도성 안의 무당

---

1. 『태조실록』 권2, 태조 1년 9월 21일 ; 『태종실록』 권3, 태종 17년 6월 1일.
2. 이경엽,「무당의 생활과 유형」,『무속, 신과 인간을 잇다』(한국문화사38), 국사편찬위원회 편, 두산동아, 2011. 12, 148쪽.

을 검거하지 않는 관원은 파직한다"는 특단의 조치도 내려졌다.4

무당에게 무세巫稅(무당에게 부과한 세금)를 징수한 사례는 조선 초기 태종 때부터 확인된다. 성종 3년(1472), 사헌부는 무당을 단속하기 위한 시행 규칙을 만들어 왕의 재가를 받았는데, 그 가운데는 "상喪을 당한 자가 무당집에 가서 음사를 행하면 상주는 물론 무녀도 형벌에 처한다"는 조항이 포함되어 있었다. 이는 무속 억압이 법적 장치로 제도화되었음을 보여준다.5

이렇게 마련된 무세 제도는 조선 후기까지 꾸준히 이어졌다. 관료들은 무당에게 세금을 거두는 것이 혹세무민을 징계한다는 의미에서 당연하다고 주장했다.

조선 후기 실학자 다산 정약용도 『목민심서』에서 이런 인식을 분명히 했다.

> 형조에서는 잡신에게 제사를 지내는 것을 금지하므로, 다른 요역은 줄이더라도 무녀포巫女布(조선시대 무당에게 부과된 직물세)만은 늘리는 게 마땅하다. 세 집 겨우 사는

---

3. 『경국대전』; 『속대전』; 『전율통보』 권5, 형전(刑典), 금제(禁制).
4. 임학성, 「조선 시대 무당의 생활 모습」, 『천민 예인의 삶과 예술의 궤적』(한국문화사17), 국사편찬위원회 편, 두산동아, 2007. 12, 93쪽.
5. 『성종실록』 권14, 성종 3년 1월, 금음사절목(禁淫祀節目).

마을에도 어김없이 무당이 하나씩 나타나 요사한 일을 벌이고, 사람들을 현혹하고 부추기며 제멋대로 길흉을 점쳐 남의 옷상자와 쌀독을 비게 한다. 그러면서 정작 본인은 비단옷을 입고 생선과 젓갈만 먹으니, 이들은 응당 억제해야 한다. 그 세수를 늘림이 타당하다.

다산은 무녀들이 요사스러운 행위로 백성의 삶을 더욱 피폐하게 만든다고 보고, 세금을 늘려 그 악습을 징계해야 한다고 주장했다. 다산의 이런 주장은 무당을, 세상을 어지럽히고 백성을 기만하는 존재로 규정하고 제재의 대상으로 본 당대 지식인들의 보편적인 시각을 대변한다.[6]

무속을 비상수단으로 호출하다

그러나 지배층의 규제와 탄압에도 불구하고, 무속 신앙은 공동체 의례로서 민간 깊숙이 뿌리내려 여전히 성행했다. 서민뿐 아니라 궁중과 양반층 역시 여전히 무당에게 의례를 의탁하는 관행을 버리지 못했다.

아이러니하게도, 그토록 배척되고 탄압받던 음사는 왕실의 필요와 묵인 속에서 살아남았다. 궁중에서는 왕비나

---

6. 임학성, 「조선 시대 무당의 생활 모습」, 앞의 책, 95~96쪽.

후궁, 대비 등이 질병 치료나 후사 문제를 이유로 무당을 비밀리에 불러들였고, 왕실 관련 굿이 벌어졌다는 기록도 『조선왕조실록』 곳곳에 등장한다.

왕실과 조정의 핵심 세력들은 정치적 불안과 신변에 대한 위협 앞에서 주술의 유혹을 떨쳐내지 못했다. 정치적 불확실성과 왕실 내부의 정쟁, 여기에 가뭄·홍수·전염병 같은 천재지변은 왕조의 안정을 뒤흔들었다. 유교적 제례만으로는 이 혼란을 수습할 수 없을 때, 조정은 결국 무속이라는 비공식적 해법에 손을 내밀었다.

대표적인 사례가 기우제다. 조정은 유교적 예법에 따라 제사를 올리고 하늘에 기원했지만, 비는 좀처럼 내리지 않았다. 가뭄이 장기화하며 백성의 삶은 피폐해지고 민심은 흔들렸다. 유교적 질서로는 이 위기를 잠재울 수 없다고 판단된 순간, 조선의 왕들은 무녀들을 불러들여 기우제를 지냈다. 무당들은 도성 곳곳에서 굿을 벌였고, 백성들은 성문 밖에 모여 함께 비를 기원했다. 유생들의 반발에도 불구하고, 왕과 조정은 필요할 때마다 점을 치고 굿을 행했다. 이는 단순한 임시방편이 아니었다. 유교적 원칙이 현실 정치의 위기 앞에서 무너지고, 금기시되던 주술이 국가 차원에서 '공식화'된 순간이었다.

세종 20년, 사간원은 궁에서 벌어진 굿과 점술을 문제 삼는 상소를 올렸다. 왕실이 음사를 공공연히 벌였다는 비판에 왕은 "이후로는 은밀한 곳에서 행하도록 하겠다"라는 답으로 무마했다.[7] 왕실은 이렇듯 때때로, 아니 빈번하게 필요에 따라 무속을 활용하는 이중적인 태도를 보였다.

이와 유사한 사례는 조선 왕조 내내 반복되었다. 임진왜란과 병자호란 같은 대규모 전쟁 속에서 조정은 다시 주술적 제의에 기대었다. 전란이 길어지고 민심이 흉흉해질수록, 유교적 교리로 다스릴 수 없는 동요가 조정 안으로 스며들었다. 굿과 기도, 부적과 점괘가 궁궐과 조정에서 고개를 들었다. 무속은 폐기할 악습이 아니라, 위기 속에서 불가피하게 동원되는 일종의 '비상수단'으로 기능했다.

권력이 주술을 만났을 때 : 세 가지 파국의 역사

조선의 통치 구조는 표면적으로는 성리학 이념을 따랐지만, 그 이면에는 유교적 명분과 주술적 현실이 공존했다. 공식 의례는 예조가 담당하고, 민간신앙은 금지되었으나 위기 상황에서는 그 금지가 느슨해졌다. 제도 밖 질서였던 이러한 믿음은 필요할 때마다 다시 호출되어 통치 전략의 일부로 기능했다. 즉, 무속은 단순히 예외적 현상이 아니라, 체제 내부에서 '보완 장치' 역할을 했다.

---

7. 『세종실록』 권83, 세종 20년 10월 26일.

임진왜란 이전에는 기우제 같은 국가적 공동 제례가 성행했지만, 전쟁 이후에는 사회 불안 속에서 개인의 기복을 위한 굿이 주를 이루었다. 특히 궁중에서는 정치적 알력 속에 저주와 같은 음습한 주술이 빈번해졌다. 이는 무속이 공동체 의례에서 개인적 기복 신앙으로, 나아가 궁중에서는 권력 암투의 수단으로 변모한 과정을 보여준다.

왕실에서 무속이 중요한 역할을 한 것은 단순히 일부 군주의 일탈이나 취향 때문이 아니었다. 그 배경에는 정치적 불안과 사회적 위기가 자리 잡고 있었다. 그리고 이러한 권력과 주술의 위험한 결합은 결국 세 차례 파국으로 이어졌다.

이 책은 그 결합의 양상이 각기 어떻게 다른 방식으로 파국을 불러왔는지 추적한다.

먼저 연산군의 사례는, 통제 불능의 분노와 광기를 주술적 방식으로 해소하며 공적 영역을 사적 감정의 배출구로 삼은 경우다. 이는 권력자가 스스로 주술적 존재가 되어버리는 '주술의 사유화私有化'에 해당한다.

다음으로 광해군의 사례는, 이성적 합의가 배제된 채 풍수도참에 의존한 국가 정책이 어떻게 정권의 몰락으로 이어졌는지를 보여준다. 이는 취약한 정통성을 보완하기 위해 권력이 주술을 이용하는 '주술의 도구화' 과정이었다.

마지막으로 19세기 말 명성황후의 굿에 대한 과도한 집착은, 무당이 권력 핵심부에 등장해 국정을 좌우하는 결과를 낳았다. 이처럼 비선 실세가 권력과 이익을 교환하는 전형적인 '주술과의 유착'은, 마침내 국가 존망을 위협하는 심각한 수준에 이르렀다.

이처럼 조선 왕조의 세 가지 사례는 권력과 주술이 결합하는 다양한 방식과 그 파국적 결과를 명확히 보여준다. 이 사례들은 오늘날 되풀이되는 정치와 비합리적 신앙의 문제를 성찰하는 중요한 계기가 될 것이다.

이후 다루게 될 인물과 사건들은 다양한 평가를 받아 왔지만, 이 책은 그 공과功過를 따져 인물사나 시대사를 서술하려는 것이 아니다. '권력과 주술의 결탁 방식'에 초점을 맞춤으로써 기존과는 다른 시각을 제시하고자 한다.

과거와 현재의 대화가 가능하고 활발할 때 역사학의 의미가 빛날 것이라는 어느 역사학자의 말처럼, 이 책이 시도하는 '역사적 병치竝置'란 과거를 현재의 거울 앞에 세워 서로를 비추게 하는 일이다.

분노의 왕, 연산군 : 감정 정치

연산은 포악하고 의심이 많아 가혹한 정치를 했다. 주색에 빠져 나라의 제사와 국정을 내팽개쳤으며, 폐출된 생모를 추존하며 수많은 대신들을 죽였다. 간언을 극도로 싫어하여 언관을 죽이거나 귀양 보냈다. 서모를 때려죽이고 여러 동생을 귀양 보내 살해했다. 날마다 창기들과 음란한 놀이를 끝없이 벌여 법도가 없었고, 남의 아내나 첩을 범하는 데도 거리낌이 없었다. 상례를 함부로 바꾸고 인륜의 근본을 어지럽혀, 죄악이 하늘에 닿고 신과 백성 모두의 원망이 극에 달했기에 결국 이러한 지경에 이른 것이다.[1]

이는 연산군을 몰아낸 승자의 기록이다. 반정 이후 연산군을 폐위하며 실록에 남긴 사관의 논평은 그에 대한 혹독한 평가를 담고 있다. 반정 세력의 기록인 만큼 왜곡과

---

1. 『중종실록』 권1, 중종 1년 9월 2일.

과장이 섞였을 순 있지만, 그가 저지른 행적 자체를 부정하기는 어렵다.

조선의 제10대 왕 연산군1476~1506은 일반적으로 '폭군'이자 '혼군', '음군'으로 기억된다. 그가 행한 폭정은 너무 많아 일일이 열거하기도 어려울 정도다.

조선 건국 이래 왕위 계승을 둘러싼 논란은 끊이지 않았고, 유교 정치 질서에서 '적장자 정통'은 중요한 명분이었다. 그런 점에서 연산군은 성종의 적장자로서 가장 정통성 있는 계승자였다. 그는 즉위 전까지 왕세자로서 교육을 충실히 받았고, 성인의 나이인 19세에 순탄하게 왕위에 올랐다. 아버지 성종이 다져놓은 안정된 기반 위에서, 국내외 정세 또한 평온했다.

그렇다면 이처럼 전례 없이 안정적인 조건 속에 왕위에 오른 연산군은 왜 역사상 최초로 반정을 통해 폐위된 왕이라는 오명을 남기게 되었을까?

연산군 시대 사화의 원인을 두고, 학계에서는 훈구와 사림의 대결, 의정부·육조와 삼사의 충돌, 군권과 신권의 대립, 왕권 도전에 대한 국왕의 반격, 혹은 왕권 강화 과정 등 다양한 해석을 제시해 왔다. 이 글은 이러한 기존의 다양한 거시적 해석들에 바탕을 둔다. 거기서 한 걸음 더 나아가, 연산군 개인의 통제되지 않은 감정이 어떻게 '감정의 정치'로 이어졌는지 그 과정을 추적하고자 한다.

폭정의 서막 : 분노는 어떻게 정치가 되었나

감정 통제 실패와 심리적 결핍

연산군의 불안정하고 예측 불가능한 성격과 폭정은 사료 곳곳에서 확인된다. 그렇다면 그를 폭군으로 만든 이 통제되지 않은 분노는 어디에서 비롯되었을까?

분노란 분개하여 크게 화를 낸다는 뜻으로 나에게 불의를 저지른 상대를 응징하고자 하는 감정이다. 분노는 가장 적극적인 의지의 표현 중 하나다. 분노해야 할 때 분노할 줄 아는 것은 옳고 그름을 가르는 기준이 되며, 자신의 존엄을 지키는 가장 인간적인 행위이기도 하다. 하지만 분노는 사회적 관계와 소중한 가치를 치명적으로 파괴할 수 있는 위험하고 비이성적인 정서 중 하나이기도 하다. 이 때문에 동아시아 문화권에서는 예로부터 분노는 가장 경계해야 할 감정의 하나로 여겨져 왔다.[2]

이러한 인식은 성리학 이념이 지배하던 조선에 더욱 엄격했다. 분노를 공개적으로 표출하는 것은 미성숙의 증거로 사회적으로 부정적인 평판을 불러왔다. 연산군이 바로 그 대표적 인물이다. 현대의 창작물에서도, 연산군을

---

2. 김창규,「燕山君의 슬픔과 분노」,『한국인물사연구』(19), 2013. 3, 111~143쪽.

다른 대부분의 작품은 그를 통제하지 못한 감정과 분노로 자신을 스스로 무너뜨린 인물로 그리고 있다.[3]

연산군은 조선 왕 중 감정 통제에 가장 극단적으로 실패한 인물이었다. 그의 정치적 폭력성과 공포 정치는 단순히 사리 분별의 문제가 아니라, 깊은 심리적 결핍에서 비롯된 감정적 불안의 산물이었다.

그 불안의 근원에는 어머니 폐비 윤 씨의 죽음이 있었다. 연산군은 즉위 후 어머니의 폐위와 사사(賜死) 전말을 알게 되었고, 충격과 배신감에 휩싸였다.

『성종실록』에 따르면 폐비 윤 씨는 성종의 정비였으나, 후궁들과의 갈등과 불손한 태도를 빌미로 폐위된 뒤 사약을 받았다. 이 사건의 전말을 알게 된 연산군은 어머니가 정치적 희생양이 되었다고 여겼고, 이를 단순한 충격이 아닌 배신이자 자신의 왕권에 대한 위협으로 여겼다.

연산군에게 이는 단순한 과거사가 아니었다. 어머니를 죽음으로 내몰거나 이에 침묵했던 신하들이 바로 선왕을 보필했고, 지금 자신을 돕고 있는 조정의 핵심 인물들이라는 사실을 깨달은 것이다. 자신을 둘러싼 권력 구조 전체가 어머니의 죽음에 연루되어 있다는 끔찍한 진실은, 그에게 모든 신하를 잠재적 위협으로 여기게 만드는 불신의 씨

---

3. 같은 글.

앗이 되었다. 결국 그는 이 충격과 분노를 왕권 강화의 동력으로 삼았다.

전환점 : 무오사화와 감정의 정치화

통치 초기, 연산군은 비교적 국정에 충실했다. 그러나 재위 4년에 일어난 무오사화(1498)는 그 전환점이었다. 이 사건을 기점으로 그의 통치 방향은 점점 다른 길을 걷게 되고, 6년 뒤에 발생한 갑자사화(1504)를 계기로 국정은 소홀히 한 채 폭정과 향락의 길로 접어들었다. 결국 그는 반정으로 폐위되어 불과 두 달 만에 유배지에서 생을 마감했다.[4]

연산군의 폭력성은 두 번의 사화士禍를 통해 폭발했다. 그의 개인적인 복수심은 반대 세력을 숙청하고 비판의 목소리를 억누르는 가장 효과적인 통치 수단으로 변질되었다. 무오사화와 갑자사화는 바로 그 감정이 정치적으로 잔혹하게 표출된 결과물이었다.

즉위 첫해부터 연산군은 '능상'凌上이라는 단어에 집착했다. 능상이란 아랫사람이 윗사람을 업신여긴다는 뜻으로, 그는 이를 신하가 임금을 능멸하는 것으로 보았다. 연

---

4. 심재권,「연산군 통치기간의 국정 지배구조변화에 관한 연결망 분석」,『한국행정사학지』제41호, 2017. 2.

산군은 신하들의 정당한 언론 활동이나 간언마저 왕권에 대한 도전으로 간주하고 분노를 터뜨렸다. 사간원과 사헌부의 언로를 '능상'으로 낙인찍었고, 나아가 군주의 권위를 해친다는 명목으로 왕권에 대한 모든 비판을 이 죄목 아래 옭아맸다.

『연산군일기』는 그의 이 집착을 수치로 증명한다. 『연산군일기』에는 '능상'이 무려 101번이나 등장한다. 12년이 채 안 되는 짧은 재위 기간을 고려하면 조선 왕조 전체 기록의 6분의 1에 달하는 압도적인 수치다. 특히 갑자사화(1504) 이후에는 더욱 빈번하게 사용해 '능상'은 그의 분노를 실어 나르는 상투어가 되었다.

두 번의 사화

삼사 제거의 명분, 무오사화

성종 시대 조선의 지배 구조는 세 축으로 이뤄져 있었다. 바로 국왕, 대신大臣, 그리고 삼사三司(사간원·사헌부·홍문관)였다. 이 중 사간원과 사헌부, 즉 대간臺諫은 언론과 간쟁을 담당하며 왕과 신하들을 견제했다. 그러나 성종의 총애 아래 세력을 확대한 삼사는, 즉위한 연산군에게 눈엣가시와도 같았다.

연산군은 대신들과는 비교적 우호적인 관계를 유지했

지만, 삼사와는 사사건건 충돌했다. 그는 선왕 성종의 명복을 비는 불교 제사인 수륙재水陸齋를 두고 삼사의 언관들과 갈등을 빚었다. 언관들은 이를 이단의 제사라며 강하게 반대했다. 그런 와중에 연산군은 방치된 생모 폐비 윤 씨의 묘 문제를 꺼내 이장과 추존을 논의하려 했으나 이 또한 반대에 부딪혔다. 4년간 이어진 갈등 속에서 삼사를 억누를 명분을 찾던 연산군에게 마침내 칼을 뽑을 기회가 왔다.

연산군 4년, 사관 김일손은 스승 김종직이 쓴 「조의제문」弔義帝文을 사초史草에 실었다. 이 글은 초나라 의제義帝를 추모하는 글이었다. 고사에 따르면, 옛날 항우가 반란을 일으켜 중국 초나라의 회왕을 죽인 후 직접 왕위에 올랐다. 김종직이 잠을 자던 중 꿈에 이 회왕이 나타나자, 그를 추모하며 적은 글이 「조의제문」이다.

그러나 이 글은 단종의 죽음을 애도하고 세조의 왕위 찬탈을 간접적으로 비판한 것으로 해석되었다. 회왕은 단종을, 항우는 세조를 상징하며 항우가 회왕을 죽이고 왕위를 빼앗은 것처럼, 세조가 단종을 죽이고 찬위했다는 뜻으로 읽힌 것이다.

이 글이 단순한 추도문을 넘어선 이유는 김종직이 사림의 정신적 지주였기 때문이다. 그의 글은 후대 사림에게 정통성에 대한 정치적 입장을 제시하는 기준이었다. 김일손이 「조의제문」을 사초에 기록한 행위는, 단지 스승을 기리는 것을 넘어 사림의 정치가 정당하다는 선언과도 같았다. 이는 세조에 대한 비판이자, 그를 도와 공신이 된 훈구파 전체에 대한 공격이었다. 나아가 단종을 애도하고 훈구에 맞서는 사림이야말로 '정당한 국정 주체'임을 강조하는 메시지로 읽혔다. 즉,「조의제문」은 유교 정치 질서에서 정통성과 왕위 계승 문제를 정면으로 환기하는 글이었다.

연산군은 이 글을 단순한 사상 표현으로 받아들이지 않았다. 폐비 윤 씨 사건을 통해 정통성 문제에 병적인 집착을 보이던 그는, 자신 역시 언제든 '부당한 왕'으로 지목될 수 있다는 위기의식을 느끼고 있었다.「조의제문」은 왕실 전반에 대한 불신을 불러올 수 있는 위험한 신호로 읽혔고, 즉위한 지 오래되지 않은 시점에서 사림이 그런 글을 사초에 공식 기록으로 남긴 것은 왕권에 대한 정면 도전처럼 받아들여졌다.

연산군은 이 사건을 '역사를 빌려 왕을 능멸한 죄'로 규정했다. 그는 이미 사망한 김종직의 무덤을 파헤쳐 그 시신을 베고, 김일손을 비롯한 관련자들을 참형에 처했다. 김종직의 학맥을 잇는 신진 사류와 삼사에 속한 대간들도 죽거나 유배되었다. 이로써 연산군과 갈등을 빚던 삼사는 크게 위축되었고, 이후 그는 점점 독단적인 왕권을 행사하게 되었다.

연산군 4년(1498) 발생한 무오사화는 명분상 김종직과 김일손에 대한 공격이었지만, 본질은 왕을 비판하던 삼사의 목소리를 제거하려는 정치적 공세였다.

사초는 본래 진실을 기록하며 조선 정치의 견제 장치로 기능했다. 그러나 이 사건을 계기로, 왕의 심기를 거스르면 목숨을 잃을 수 있는 위험한 기록이 되었다. 이는 단지 글 한 편으로 수십 명의 목숨을 앗아간 사건이 아니라, '해석의 권력'을 둘러싼 충돌이었다. 기록은 더 이상 사실이 아니라 왕의 감정을 기준으로 쓰이게 되었고, 역사조차 눈치를 보며 작성하는 시대가 시작되었다.

결국 연산군 내면의 피해의식과 불안은 공적인 기록마저 통제하려는 폭력으로 분출되었다. 그의 분노는 지극히 사적인 감정이었지만, 공적 권력과 결합하면서 국가 체계를 파괴했다. 이 지점에서 국정은 더 이상 공론의 장이 아니라, 군주 한 사람의 불안정한 심리를 방어하기 위한 사적인 도구로 전락하고 말았다.

감정의 정치화와 갑자사화

무오사화 이후 삼사는 약화했고, 대신과 왕의 정치 장악력은 커졌다. 그러나 잠시 위축되었던 삼사는 시간이 지나며 활동을 재개하기 시작했다. 독단적으로 왕권을 휘두르는 연산군에 대한 반발로 대신들마저 삼사에 동조하는 기류가 형성되었다. 위기감을 느낀 연산군에게 기회를 만들어 준 것은 임사홍이었다. 그는 폐비 윤 씨 사건의 전말을 연산군에게 밀고하며 관련자들의 처벌을 부추겼다. 이를 빌미로 연산군은 자신의 왕권에 위협이 되는 모든 세력을 제거하기 위한 대대적인 숙청을 단행했으니, 이것이 바로 갑자사화(1504)다.

사건의 발단은 사소해 보이는 일들이었다. 연산군은 연회 자리에서 이세좌가 곤룡포에 술을 엎질렀다는 이유로 분노했다. 그는 과거 성종의 명으로 어머니에게 사약을 전달한 장본인이었다. 또한 중신 홍귀달이 간택령이 내려졌음에도 손녀의 입궐을 막은 사건도 발생했다. 연산군은 임사홍 등이 제공한 정보를 바탕으로 이 사건들을 엮어, 신하들이 조직적으로 왕을 능멸凌蔑하고 있다며 숙청의 칼을 뽑았다.

연산군의 분노는 가장 먼저 어머니의 폐위에 관여했던 성종의 후궁, 귀인 엄 씨와 정 씨에게 향했다. 그들의 모함으로 어머니 윤씨가 폐위되었다고 믿은 연산군은 두 후궁을 직접 때려죽인 뒤 시신을 들판에 버리는 포악한 성정을 드러내기 시작했다. 이어 윤 씨 폐위에 관여된 수십 명을 처형하고, 이미 사망한 한명회와 정창손 등은 무덤을 파헤쳐 시신을 베는 부관참시에 처했다. 여기서 그치지 않고, 그의 분노는 사건과 무관하게 평소 밉보였던 인물들에게도 향했으며, 그들의 일가친척까지 처벌했다. 애초에 폐비 윤씨 사건은 평소 마음에 들지 않던 관료들을 제거하기 위한 명분에 불과했다. '능상' 척결과 폐비 사건에 대한 단죄의 명목으로 거의 모든 신하를 대상으로 한 무자비한 숙청이 자행되었다. 그 대상은 산 자와 죽은 자를 가리지 않았으며 그 방법 또한 잔인하고 참혹했다.[5]

갑자사화는 왕실 내부의 과거사를 단죄하는 사사私事에서 출발했지만, 곧 정치적 반대파에 대한 제거로 확대되었다. 이 과정에서 왕의 사적인 복수심은 '공적 정의의 실현'이라는 명분 아래 이루어졌다. 결국 제도적 절차와 원칙은 한 사람의 감정 아래 무력화되었고, 공포는 국정을 운영하는 가장 핵심적인 통치 수단으로 자리 잡았다.

공포정치와 무속 의존

분노가 이끄는 폭정 : 숙청과 형벌의 극단화

연산군의 공포 정치는 정적을 제거하는 수준을 넘어, 그의 뒤틀린 분노와 불안이 빚어낸 광기의 산물이었다. 폐비 윤 씨 사건을 빌미로 시작된 숙청은 살아있는 자를 넘어 이미 죽은 자에게까지 칼날을 겨누는 비이성적인 폭력

---

5. 김범,「朝鮮 燕山君代의 王權과 政局運營」,『대동문화연구』 53, 2006, 255~307쪽.

으로 치달았다.

이 과정에서 전례 없는 형벌들이 동원되었다. 부관참시剖棺斬屍는 이미 사망한 이의 관을 파내 시신의 목을 베어내거나 형벌로, 개인에 대한 처벌을 넘어 그 가문의 명예를 짓밟고 사회적으로 매장하는 가장 큰 모욕이었다. 또한 능지처참凌遲處斬을 남발하여 시신을 조각내 전시함으로써, 자신의 권위에 도전하는 행위를 용납하지 않겠다는 경고를 보였다. 심지어 뼈를 갈아 바람에 날리는 쇄골표풍碎骨飄風이라는 형벌까지 동원했다. 이는 단순히 상대를 죽이는 것을 넘어, 그 존재의 흔적까지 완전히 말살시키려는 그의 병적인 집착과 잔혹성을 드러낸다.

이러한 처벌의 범위는 연좌제를 통해 당사자의 가족과 친인척으로까지 확대되었다. 이는 조정 전체를 불안과 공포로 몰아넣었으며, 그 누구도 안전을 보장받을 수 없는 암울한 시대를 만들었다.

이 공포는 궁궐 담장을 넘어 사회 전체로 번져나갔다. 그 단적인 예가 사냥에 대한 집착에서 비롯된 폐해다. 갑자사화 이후 사냥 규모는 더 커져, 한 번에 서울과 지방 군사 3만 명 이상이 동원되었고, 기간은 열흘에서 한 달에 달했다. 그러한 상황에 불만을 토로한 한 군사는 능지처참에 처해진 뒤, 그 시신이 진중에서 조리돌림을 당했다. 연산군은 3만여 명의 군사와 승군 등에게 시신을 직접 보도록

분노의 왕, 연산군 : 감정 정치   63

명령하고 확인 서명까지 받게 했다.6 이는 왕의 부당한 명령에 대한 미미한 불만조차 용납하지 않겠다는 선언이었다. 한 병사의 죽음을 본보기 삼아 사회 전체에 절대복종을 주입하려는 정치적 메시지였다.

연산군의 공포 정치는 개인적인 분노를 계기로 시작되었지만, 누구도 거역할 수 없는 공포 분위기를 조성하여 완전한 굴복을 강요하는 수준으로 발전했다. 견제 세력을 제압하고 소통을 차단하면서, 감정의 정치화는 극단으로 치달았다. 사적인 원한과 분노를 공적인 숙청의 명분으로 삼아 절대 권력의 폭력성을 여과 없이 드러낸 것이다. 특히 잔혹한 처형은 왕의 분노를 하나의 의례儀禮로 만들고 체제의 금기를 각인시키는 정치적 연출이었다.

언로와 제도의 붕괴 : 감시와 침묵의 강요

조선의 정치에서 언로言路는 국정 운영의 핵심적인 견제 장치이자 소통의 통로였다. 사간원은 군주의 잘못을 간언하고, 사헌부는 비리를 감찰하며, 홍문관에서는 경연經筵을 통해 왕의 학문적 깊이를 더하며 정책을 논의했다. 이 제도들은 왕의 독단을 막고, 설령 군주의 판단이라

---

6. 손균익, 「연산군대 난언 사건을 통해 본 사회 기층의 정치의식」, 『민족문화연구』 제73호, 2016.

할지라도 비판적인 검토와 숙의를 거치도록 강제하는 안전장치였다.

그러나 연산군은 각종 방법으로 언로와 신하들의 입을 틀어막았다. 그는 먼저 궁중 환관들의 목에 다음과 같은 글귀가 새겨진 나무패를 걸게 했다.

> 입은 화를 부르는 문이요, 혀는 몸을 베는 칼이다. 입을 닫고 혀를 깊이 감추면 몸이 편안하고 어디서든 안전하리라.[7]

이 경고는 곧 조정의 관료들에게로 향했다. 그들의 목에는 신언패慎言牌라는 이름의 또 다른 족쇄가 채워졌다.

> 겉으로는 따르는 척하고 등 뒤에서 헐뜯으면 이는 곧 배신이다. 처음부터 끝까지 한결같은 마음이어야, 임금을 섬기는 올바른 도리다.[8]

결국 연산군은 언로를 탄압하고 경연을 없앴다. 말에 대한 노골적인 협박은 제도의 전면적인 파괴로 이어졌다.

---

7. 『연산군일기』 권52, 연산군 10년 3월 13일.
8. 『연산군일기』 권57, 연산군 11년 3월 12일.

사간원을 시작으로 학문의 중심이던 홍문관마저 폐지했다. 사헌부의 기능은 약화했고, 성균관 유생의 활동은 중단되었으며, 과거시험조차 축소되었다. 모든 비판 기능이 실질적으로 봉쇄된 것이다.

비판의 축을 제거한 후, 연산군은 어떠한 제약도 받지 않고 기행과 폭정을 일삼았다. 그는 강화된 왕권을 오로지 자신의 사치와 향락을 탐닉하는 데 이용했다.

국가의 상징적인 공간들이 그의 쾌락을 위해 훼손되었다. 조선 최고의 교육기관이던 성균관은 동물원으로 전락했고, 궁궐 주변에서는 민간인을 내쫓고 왕의 전용지인 금표禁標를 넓혔다. 대규모의 사냥터를 조성하느라 당시 경기도 땅의 절반에 금표를 쳤다는 기록이 있을 정도였다.

또한 수만 명의 백성을 동원해 1천 명이 들어갈 만큼 거대한 규모로 지은 서총대瑞葱臺에서 밤낮으로 연회를 열고 전국에서 기생을 차출해 향락을 즐겼다. 결국 일인 철권 지배 아래, 견제 없는 권력이 한 개인의 쾌락을 위해 어디까지 타락할 수 있는지를 증명하는 것이었다.

역사 속 독재자들은 비정상적인 방식으로 권력을 유지하기에 민심의 지지와 같은 정당한 기반을 갖추지 못했다는 불안을 안고 있다. 이러한 강박은 종종 편집증적 의심으로 이어져, 자신을 지키기 위해 주변의 모든 것을 경계하고 감시한다. 이는 외부의 적뿐 아니라 내부의 불만 세력에 대한 깊은 불신으로 나타나며, 결국 정보기관 강화나 군대 장악 같은 극단적인 통제 방식으로 이어진다.

갑자사화 이후 절대 권력을 휘두르던 연산군 역시 이 불안에서 벗어나지 못했다. 연산군 10년, 자신을 비방하는 익명서가 발견되자 그의 편집증은 극에 달했다. 그는 경호를 강화하고, 야간 행차에는 정예병을 배치해 호위를 삼엄히 했다. 이러한 과도한 경계 태세는 단순한 신변 보호를 넘어, 눈에 보이지 않는 위협에 대한 편집증적인 불신에서 비롯된 것이었다.

그의 병적인 심리는 신하들을 대하는 방식에서도 기괴하게 나타났다. 그는 관료들의 사모紗帽 앞뒤에 '충'忠, '성'誠을 새겨 넣게 하고, 심지어 유생들과 관료들에게까지 왕의 가마를 메게 했다. 이를 통해 자신에 대한 복종을 시각화한 것이다. 신하의 언행을 통제했을 뿐 아니라 충성을 강요하며, 맹세까지 강제했다.

이는 제도적 권위에 기반한 질서가 아니라, 개인에 대한 맹종을 유도하고 정치적 위기감을 폭력과 굴종으로 덮으려는 시도였다. 결국 제도적 소통을 완전히 차단한 고립된 세계에서 그의 불안을 잠재우고 폭정을 정당화할 수 있는 이성적인 방법은 없었다. 그 유일한 방법은 주술뿐이었다.

감정의 정치에서 무속의 정치로

연산군의 내면을 지배한 분노와 불안은 애초에 제도의 틀이나 이성적인 논의로 다스릴 수 있는 영역이 아니었다. 그는 결국 자신을 위로하고 정당화해 줄 다른 수단, 즉 주술에 의존하게 된다. 처음에는 불안정한 내면을 달래는 행위였지만, 점차 주술은 그의 개인적인 원한에 공적인 명분을 부여하고, 광기 어린 폭정을 합리화하는 매개체 역할을 하기 시작했다.

연산군의 통치는 사적인 분노와 불안이 국정의 중심을 차지한 '감정의 정치'였다. 국정 운영 전반이 오로지 왕의 감정에 따라 결정되었다. 그는 자신의 감정을 숨기지 않았고, 오히려 그것을 통치의 동력으로 삼았다. 이러한 비정상적인 통치 방식에 어울리는 언어는 합리적 제도가 아닌, 부적과 굿 같은 주술적 상징일 수밖에 없었다. 결국 무속은 왕의 불안을 일시적으로 해소하는 데 그치지 않고, 그의 폭력적인 통치를 정당화하며 공포 정치를 더 심화시켰다.

처용무處容舞에 대한 그의 집착은 이를 상징적으로 보여 준다. 처용무는 민간신앙에 기반하여 본래 역병을 쫓는 주술적인 의미가 있는 춤이었다. 이후 궁중 제례의 중요한 의식으로 자리 잡으며, 악귀를 물리치고 복을 기원하는 의미가 있었다. 『조선왕조실록』에 남은 처용무 관련 기록의 절반 이상이 『연산군일기』에서 발견될 정도니, 그가 처용

처용무. 처용이 잡귀를 물리쳤다는 설화에서 유래한 궁중 무용으로, 청·홍·황·백·흑의 오방색 의상을 입고 추었다. 원래는 액막이 성격이 강했으나 조선시대에는 국가 제례와 연향에서 공연되며 무속적이면서도 의례적인 의미를 함께 담게 되었다. (출처 : 한국학중앙연구원)

무에 얼마나 심취했는지 짐작할 수 있다.[9] 그는 술에 취해 직접 처용탈을 쓰고 춤추기를 즐겼으며, 때로는 노래까지 불렀다. 그가 예술과 향락을 탐닉했다고 알려졌지만, 임금이 직접 무복을 입고 춤을 추는 것은 전례 없는 기행이었기에 신하들의 거센 비판을 불러일으켰다. 이는 나라의 안녕을 빌던 공적인 의례가, 왕 개인의 향락을 위한 도구이자, 불안정한 심리를 다스리는 사적인 방편으로 변질되었음을 보여준다.

급기야 연산군은 아예 자신이 무당 행세를 했다. 연산 11년 기록에 따르면, 그는 수년 전부터 광증을 앓기 시작했고, 한밤중이면 종종 괴성을 지르며 후원을 배회하기도 했다. 무당과 박수를 불러 제사를 지내는 데 빠져 있었고, 직접 무당 노릇을 하며 굿판을 벌이고 폐비 윤 씨의 혼령이 씐 듯 흉내 내기에 이르렀다. 그가 여러 차례 백악산 신당에 올라 굿판을 벌이자, 궁 안에서는 폐비의 원혼이 왕에게 씌었다는 말이 돌았다.[10] '능상'이라는 말로 세운 절대 권위를, 스스로 주술적 존재로 격하하며 제 손으로 무너뜨린 것이다. 이는 그의 파멸이 외부의 적이 아닌 내면의 자기모순에서 비롯되었음을 보여준다.

---

9. 김용목, 「처용탈 변화요인 고찰」, 『무용역사기록학』 제42호, 2016. 9.
10. 『연산군일기』 권59, 연산군 11년 9월 15일.

무속의 권력남용 : 돌비 사건과 성수청 체제

　연산군 치하에서 국가와 왕실의 제의와 굿을 관장하던 성수청星宿廳은 그 위상이 급격히 높아졌다. 그는 성수청에 담장을 쌓고 궁궐과 직접 연결하는 별도의 문을 내어, 제의 공간을 사실상 왕실 생활의 일부로 끌어들였다.[11] 또한 성수청의 모든 무녀에게 잡역을 면제해 주는 특혜까지 베풀었다. 이로써 무속은 왕의 비호를 받는, 사실상의 궁중 권력으로 자리 잡게 되었다.

　연산 9년의 '무녀 돌비 사건'은 이렇게 권력화된 무속이 어떻게 국법을 무력화했는지 보여주는 대표적 사례다. 당시 사헌부는 "괴이한 술법으로 백성을 현혹하고 질서를 어지럽힌다"라는 죄목으로 무녀 돌비를 체포하려 했다. 그러나 돌비는 도망쳤고, 그녀의 집에서는 내수사內需司에서 지급한 놋그릇과 부적이 발견되었다. 내수사는 왕실의 재정을 관장하며 궁중 내외의 물자 지급을 담당하는 기관이었다. 내수사가 무당에게 물품을 제공한 배경에 부정한 거래나 왕실 자금의 유용에 대한 의심이 제기된 것이다.

　이 증거는 사건의 본질을 완전히 바꾸었다. 단순한 풍속 교란이 아니라, 왕실 재정이 무속과 결탁한 권력형 비리라는 의혹이 불거졌다. 이에 관료들은 돌비에 대한 국문

11.『연산군일기』권27, 연산군 11년 2월 22일.

을 청했다.

그러나 연산군은 "무당 일은 예부터 있어 왔다"라며 대수롭지 않게 여기고 수사 요청을 묵살했다. 관련 증거가 있었음에도 사건의 조사를 중단시켰고, 그 결과 무속 활동과 내수사의 물품 지급 경로는 모두 묻히고 말았다.[12] 신하들의 계속된 요구에 마지못해 돌비를 지방 관비로 보냈지만, 얼마 후 사면령을 내리고 다시 궁으로 불러들였다.

이 사건은 주술 관행이 왕실에 의해 용인되는 것을 넘어, 왕실의 비호를 받은 주술 세력이 어떻게 국법의 감시를 피하고 제도적 견제를 무력화했는지를 보여주는 상징적인 사례였다. 즉, 왕의 사적인 신임이 국가의 공적인 기강과 충돌할 때, 절대 권력이 어떻게 사적인 영역을 비호하며 공적 체계를 무너뜨리는지를 보여준 것이다. 이렇듯 연산군은 주술을 방패 삼아 나라의 기강을 흔들고, 권력을 사유화했다.

연산군은 결국 반정으로 쫓겨났지만, 이야기는 여기서 끝나지 않았다. 흥미롭게도 왕의 총애를 받았던 무녀 돌비는 끝까지 살아남아 궁궐 안팎에서 여전히 위세를 떨쳤다. 그녀는 중종 10년까지도 '국무당'이라 자칭하며 재앙을 막고 복을 빈다는 명목으로 굿판을 벌였다. 사헌부에서 그 비

---

12. 『연산군일기』 권49, 연산군 9년 4월 28일, 4월 29일.

리를 조사했을 때, 왕의 옷인 어의(御衣)까지 나올 정도로 궁궐 내부 재화가 그녀의 집으로 흘러 들어갔다. 왕의 상징과도 같은 어의가 일개 무당의 손에 들어간 상황을 두고, 대간들조차 어떻게 처리해야 할지 난감해했다. 이 기록은 무속의 영향력이 얼마나 뿌리 깊었는지를 짐작하게 한다.

폭군은 사라졌지만, 무속이 궁중에 기생하며 성장한 구조는 사라지지 않았다. 돌비의 생존은 이러한 믿음이 단지 특정 군주의 취향이나 통치 방식의 문제가 아니라는 사실을 보여준다. 이는 한 개인의 몰락으로 끝나는 문제가 아니다. 무당이 사라져도 구조는 남고, 사람은 바뀌어도 구조는 이어진다. 권력과 무속의 결탁은 정권이 바뀐 뒤에도 쉽게 해체되지 않았고, 그 영향은 은밀하고 집요하게 남아 있었다.

연산군의 폭정은 단지 한 광인의 우발적인 행동이 아니었다. 그것은 명확한 단계를 거친, 예고된 파멸의 과정이었다. 불안정한 심리와 감정적 취약성 위에서(1단계 : 취약성), 그는 신하들의 직언을 능상이라 규정하며 자신을 고립시켰다(2단계 : 고립). 그리고 그 고독과 분노의 공백을 채운 것은 광기 어린 감정의 분출과 주술적 의례였다(3단계 : 비합리적 대안). 결국 국정은 군주 한 사람의 감정을 위한 배설구로 전락했고, 이는 왕조 최초의 반정으로 귀결되었다(4단계 : 자기 파괴).

```
┌─────────────────────────────────────────┐
│           1단계 : 취약성                │
├─────────────────────────────────────────┤
│   어머니 폐위로 인한 태생적 정통성 취약   │
└─────────────────────────────────────────┘
                    ⇩
┌─────────────────────────────────────────┐
│            2단계 : 고립                 │
├─────────────────────────────────────────┤
│    직언을 능상으로 규정하며 신하들과 단절   │
└─────────────────────────────────────────┘
                    ⇩
┌─────────────────────────────────────────┐
│         3단계 : 비합리적 대안            │
├─────────────────────────────────────────┤
│ 합리적 통치 대신 감정 분출과 주술 의례로 공백을 채움 │
└─────────────────────────────────────────┘
                    ⇩
┌─────────────────────────────────────────┐
│           4단계 : 자기 파괴              │
├─────────────────────────────────────────┤
│ 국정이 군주의 심리 배설구로 전락 → 왕조 최초의 반정으로 몰락 │
└─────────────────────────────────────────┘
```

도표 2. 파멸의 4단계 : 연산군의 심리적 파국

이것이 바로 이 책에서 제시하는 '주술 의존형 권력 붕괴 모델'의 첫 번째 유형, 즉 모든 공적 시스템이 군주 한 사람의 내면으로 흡수되어 버리는 '심리적 파국'의 전형이다.

그리고 반정의 거센 폭풍이 휩쓸고 간 뒤에도 살아남은 무녀 돌비의 존재는, 영화의 끝자락에 짧게 흘러나오는 쿠키 영상처럼 강렬한 여운을 남긴다.

당신이 보고 있던 이야기는, 정말 끝난 것인가?

격노하는 대통령 : 위력 없는 권위

연산군의 이야기는 500년 전 박제된 역사가 아니다. 이러한 '심리적 파국'은, 시대의 옷만 갈아입은 채 21세기 대한민국에서 섬뜩할 만큼 정확하게 재현되었다. 지금부터 그 현대적 변주를 살펴보자.

세네카의 『분노론』에 따르면, 분노는 부당한 불의에 대해 복수하려는 욕망으로 정의된다.[1] 그리고 그 감정은 "나는 아무 잘못이 없는데, 아무런 잘못도 없는 내가 불의를 당했다"라는 판단에서 비롯된다. 세네카는 분노가 이성과는 양립할 수 없기에, 통제할 수 없다고 보았다. 연산군의 사례에서도 볼 수 있듯이, 그의 감정 정치는 결국 통제를 잃었고, 그는 역사에 폭군으로 기록되었다.

---

1. 이진남, 「세네카 분노론의 철학실천적 변론」, 『철학논집』 제69집, 한국철학회, 2022. 5.

무엇을 위한 격노인가?

윤석열 전 대통령의 재임 시절, '대통령의 격노 시리즈'는 늘 화제가 되었다.

尹의 격노와 장제원의 거친 비난
尹 안철수에 격노 … "정무 수석 통해 엄중 경고 지시"
"수사 결과에 VIP 격노 … 국방장관에 전화해 질책했다 들어"
김기현 출마 고집에 윤 대통령 격노
尹 '총선 후 특검' 보도에 격노

포털 사이트에 '윤석열 격노'를 입력하면 자동 완성어로 '시리즈'가 뜰 정도였다. 2023년 12월 27일, 더불어민주당 회의에서 한 의원은 〈윤석열 대통령의 1년간 격노 시리즈〉를 발표했다. 그는 "누가 기침 소리를 내었는가"라는 드라마 대사를 빗대며, 1년간 대통령의 격노 기사들을 소개했다. 대통령이 의원 안철수의 대통령실 선거 개입 비판에 격노했고, 순직한 채상병 관련 보고에 격노했고, 전 대표 김기현의 출마에 격노했으며, 마지막으로 김건희 특검 보도에 격노했다는 것이다.

정리하자면 대통령은 자기 뜻을 거스르거나 진실이 드

러나는 일에 격노했다는 비판이었다. 이 모든 사안은 국민의 삶과 국가 안보와는 거리가 먼, 대통령 본인이나 가족의 안위와 관련된 분노임을 질타했다. 그는 마지막으로 "윤석열 대통령의 격노에 격노한다"라는 말로 발언을 마쳤다.[2]

세네카의 정의에 따르면, 이 민주당 의원의 분노는 철학적으로 설명할 수 있다. 그러나 윤석열의 '격노'는 그 범주에도 들지 않는다. 이는 정당한 분노라기보다, 그저 "화가 났다"라는 감정의 발로를 정치적 언어로 치장한 것처럼 보인다. 희대의 폭군 연산군의 '능상'이 대통령의 '격노'보다 더 개연성 있어 보이는 이유다.

폭군의 분노가 위협적이었던 것은 그것이 무섭고 혐오스럽기 때문이었다. 그러나 세네카의 말대로 위력을 잃은 분노는 경멸과 조롱의 대상이 될 뿐이다.

감정 정치 : 시스템 붕괴와 언론 통제

대통령의 분노는 공식 절차를 건너뛰는 비공식적인 신호가 되어 조직의 방향을 좌우했다. 그 감정은 언론 보도에 대한 고발, 야당을 향한 수사, 내부 비판자 배제로 이어

---

[2]. 「'1년간 모았다' … 윤석열 뒷목잡을 '격노 시리즈'」, 『팩트TV NEWS』, 2023년 12월 27일 발행, 2025년 8월 5일 접속, https://www.youtube.com/watch?v=9NyLihwo8uc.

졌다. 그의 감정 표현은 사실상 당무 개입의 신호로 작동했고, 당 지도부는 그의 의중에 맞춰 당의 구조를 재편하기에 이르렀다.

이러한 방식은 언론 위축과 공적 토론의 실종으로 이어졌다. 2022년 9월, MBC가 대통령 윤석열의 미국 순방 중 비속어 발언을 보도하자 여당은 이를 명예훼손 혐의로 검찰에 고발했다. 이어 같은 해 10월, 대통령실은 대통령 전용기 탑승에 MBC 취재진을 배제했다. 이 결정은 대통령실의 감정적 대응으로 해석되었고, 언론 탄압 논란을 불러일으켰다.

이는 반복되며 관례가 되었고, 관례는 조직 운영의 새로운 원칙으로 자리 잡았다. 대통령의 불쾌감이 인사의 기준이 되고, 비판은 수사나 징계로 이어지는 일이 계속된 것이다.

2023년 1월, 대통령실은 역술인 천공의 '대통령 관저 이전 개입 의혹'을 보도한 기자들을 명예훼손으로 고소했다. 그리고 9월에는 김건희의 '도이치모터스 주가 조작 의혹'을 다룬 매체들에 대해 검찰이 압수수색을 단행했다.

2023년 11월 참여연대는, 윤석열 정부 출범 후 1년 반 동안 전 정부와 야당 인사, 노동조합, 시민단체 등을 대상으로 124회의 압수수색이 이루어졌다고 밝혔다. 반면 같은 기간 대통령 윤석열 측 인사들에 대한 압수수색은 24회에 불과했다.³ 이는 검찰 수사가 대통령의 감정 기류와 궤를 같이한다는 비판을 낳았다.

또한 윤석열 정권은 비판 언론을 향해 '가짜 뉴스' 또는 '좌파 선동'이라는 프레임을 상습적으로 씌웠다. 2023년 9월, 여당인 국민의힘과 방송통신위원회는 '가짜 뉴스' 근절을 명분 삼아 법안과 제재 강화를 추진하며, 여론에 영향을 미치는 보도에 대한 통제를 강화하겠다고 밝혔다. 이는 언론과 표현의 자유를 침해한다는 비판에 직면했고, 야당과 언론 단체 등의 강한 반발을 샀다.

현대판 신언패愼言牌인가, 입틀막 경호

입틀막은 "입을 틀어막는다"의 줄임말로, 본래 오열을 참기 위해 입을 틀어막을 정도의 슬픈 일이나 감동적인 상황에서 쓰였다. 그러나 윤석열 정권 이후, 이는 '입막음'의 강화형으로, 물리적인 강압으로 상대의 발언을 틀어막는 부정적 용어로 변질되었다.⁴

대통령 경호는 국가 원수의 안전을 위한 필수적인 조

---

3. 박희영, 「윤석열 정부, '검찰 통치' 심각 … 10일 중 8일 압수수색」, 『CBS노컷뉴스』, 2023년 11월 16일 발행, 2025년 8월 5일 접속, https://v.daum.net/v/20231116190305495.
4. 「입틀막」, 〈나무위키〉, 2025년 8월 5일 접속, https://namu.wiki/w/입틀막.

치이다. 그러나 윤석열 정권에서 반복해서 벌어진 '입틀막' 사건은 단순한 경호 조치를 넘어섰다. 말 그대로 발화 직전의 입을 경호원이 직접 틀어막아, 비판적 의견을 원천 봉쇄한 것이었다.

'입틀막' 사건의 사례들

2024년 1월 18일, 〈전북특별자치도 출범식〉에서 진보당 의원 강성희는 대통령에게 국정 기조 변화를 요구하려다 경호 인력에 의해 입이 틀어막히고 사지가 들린 채 강제로 퇴장당했다. 이는 헌정 기관의 구성원인 국회의원을 대통령 권위 아래 굴복시킨 상징적 사건이었다.

2024년 2월 1일, 〈분당서울대병원 민생 토론회〉에서 대한소아청소년과의사회 회장 임현택은 필수 의료 정책에 항의하다 입이 틀어막힌 채 끌려 나갔다. 이 사건은 전문가의 직언조차 물리적으로 봉쇄되는 상황을 보여줬다. 또한 정권의 독단적인 정책과 과잉 경호가 어떻게 결합하는지를 보여주는 장면이었다.

2024년 2월 16일, 진보당 예비후보 김선재는 한국과학기술원KAIST 입구에서 1인 사전선거운동을 하던 중 대통령이 지나가는 길이라는 이유로 유세 장소에서 강제로 끌려 나갔다.

같은 날 〈한국과학기술원 학위수여식〉에서 졸업생 신

민기는 R&D 예산 삭감에 항의하려다 역시 입이 막힌 채 공중으로 들려 경찰에 연행됐다. 지성의 전당에서조차 권력 비판이 허용되지 않는 현실이 적나라하게 드러난 순간이었다.

이 모든 사건에서 발언은 시작되기도 전에 힘으로 제압당했다. 연산군의 신언패가 '말의 결과에 대한 두려움'으로 스스로 입을 닫게 했다면, 윤석열 정권의 입틀막은 발화 자체를 물리적으로 차단하는 폭력적인 방식이었다. 현대 민주공화국의 대통령 행사장에서 시민이 목소리를 내려는 순간 입이 틀어막히고, 팔다리가 들려 퇴장당했다. 그리고 그것은 지성의 공간, 의료 현장, 심지어 국회의원조차 예외는 아니었다. 조선시대 폭군조차 쓰지 않았던 방식이, 21세기 대한민국에서 공공연히 자행된 것이다. 연산군의 신언패가 '말을 조심하라'는 경고였다면, 입틀막은 '말을 꺼내기도 전에 막겠다'라는 실천이었다.

2024년 11월 7일, 전 대통령 윤석열은 국회 시정 연설을 거부했다. 그는 이를 '대통령 망신 주기'에 불과하다고 비판하며 불참 이유를 야당 탓으로 돌렸다.[5] 대통령이 시정연설을 하지 않은 것은 2013년 이후 11년 만으로, 매년

---

5. 유새슬·박순봉, 「윤 대통령, 11년 만에 시정연설 불참 … 국회 무시하고 '마이웨이'」, 『경향신문』, 2024년 11월 4일 발행, 2025년 8월 5일 접속, https://www.khan.co.kr/article/202411041734001.

시정 연설을 했던 전 대통령 박근혜·문재인과는 대조를 이뤘다. 임기 초 '의회주의가 민주주의의 본질'이라며 자신을 '의회주의자'로 자처했던 그는, 같은 해 9월 제22대 국회 개원식에도 불참했다. 이에 대해 야당 관계자는 "비판과 견제는 야당의 역할이며, 이를 불편해하는 대통령의 태도야말로 문제"라고 지적했다.

급기야 2024년 12월 3일, 대통령령으로 비상계엄을 선포하며 군과 경찰력을 동원해 국회를 제압하려 한 시도 역시 과거의 독단과 닮았다. 권력이 자신을 향한 비판을 통치의 장애로 간주하는 순간, 그 반응은 단순해진다. 소통을 거부하고, 반대를 제거하며, 결국 체제 자체를 억누르려 드는 것이다. 이는 수백 년 전 한 폭군이 걸었던 길과 겹친다. 그 역시 신하들을 임금에게 맞서는 존재로만 여기며 깊은 불신을 거두지 않았고, 자신의 뜻에 반하는 조언은 절대 용납하지 않았다. 각종 핑계를 대며 소통의 장을 피하고, 종국에는 자신에게 비판적인 신하들을 탄압하기에 이르렀다.

조선시대 무녀의 집에서도 나온 관봉권

언로를 막은 군주가 주술에 기대는 것을 넘어, 스스로 무당이 되어버리는 이야기. 여기에는 권력이 주술을 이용하는 가장 극단적인 형태, 즉 통치자 자신이 신의 대리인이자 예언의 주체가 되려는 욕망이 담겨 있다. 권력을 위한 수단으로 주술을 사유화하는 이 기이한 패턴의 역사는 시대를 건너뛰어, 우리가 곧 마주할 또 다른 '영적인 사람'의 이야기와 기묘하게 포개진다.

'영적인 사람' 김건희와 무속 논란

2021년 7월, 『서울의소리』 기자 이명수와의 통화에서 김건희는 자신을 "영적인 사람"이라고 말했다.[6] 그는 "신내림 받은 사람들 말은 무시 못 한다"라며 "나는 무당보다 더 잘 본다"라고도 했다. 이 통화는 2022년 1월 〈MBC 탐사기획 스트레이트〉를 통해 공개되며, 대통령 후보 배우자의 인식이 공론화되었다.[7] "우리 남편(윤 후보)도 약간 그런 영적인 끼가 있다"라며 "그래서 저랑 그게 연결이 된 것"이라고 한 김건희의 발언이 전해지기도 했다.[8]

---

6. 「김건희 씨-서울의 소리 기자 통화 내용 정리」, 『엠빅뉴스』, 2022년 1월 17일 발행, 2025년 8월 5일 접속, https://www.youtube.com/watch?v=2og5y23pl4k.
7. 「[MBC 탐사기획 스트레이트 159회] 김건희 씨는 왜? / 배신당한 동학개미들」, 『MBC NEWS』, 2022년 1월 16일 발행, 2025년 8월 5일 접속, https://www.youtube.com/watch?v=DnN9ypkUC3Y.
8. 맹성규, 「김건희 녹취록 추가 공개 … "우리 남편 영적인 끼 있어 나와 연결"」, 『매일경제』, 2022년 1월 24일 수정, 2025년 9월 8일 접속, https://www.mk.co.kr/news/politics/10194378.

당시 윤석열 선거 캠프는 김건희의 무속 논란에 대해 대수롭지 않다는 태도를 보였다. 국민의힘 대표였던 이준석은 "누구나 종교의 교리에 어긋나는 어떤 비과학적인 것을 신봉할 때도 있다"라며 "중요한 것은 그러한 믿음이 검찰총장 직무 수행에 영향을 미쳤는지 아닌지"라고 주장했다. 그렇지 않다면 개인의 믿음에 관대할 필요가 있다며 윤 후보를 옹호했다.[9]

그러나 여기서 논란이 되는 '주술적 믿음'은 특정 시대의 신앙 형태나 문화적 현상을 가리키는 것이 아니다. 논란의 핵심은 그 믿음 자체가 비이성적이기 때문이 아니다. 진짜 문제는 그것이 권력과 결합할 때 나타나는 위험성이다.

가톨릭 영성 심리상담소장인 신부 홍성남은 점을 보는 행위가 점을 쳐주는 사람과 보는 사람 사이에 주종관계를 형성한다고 설명한다. 일단 이러한 심리적 예속 상태에 빠지면, 일부 정치인들은 비행기 탑승이나 특정 장소 방문 같은 사소한 판단마저 무속인에게 의존하게 된다. 그 결과 자신의 삶을 스스로 결정하지 못하게 되는데, 이는 마치 아편 중독과도 같다고 덧붙였다.

---

9. 「이준석 "단일화 하는 안철수가 싫다"[한판승부]」, 『노컷뉴스』, 2022년 1월 27일 수정, 2025년 9월 17일 접속, https://www.nocutnews.co.kr/news/5697242.

홍성남은 특히 김건희가 자신을 "무당보다 점을 더 잘 보는 영적인 사람"이라 주장하는 대목에서 큰 위험성을 느꼈다고 밝혔다. 그는 종교가 추구하는 진정한 영성이란 자아를 비우고 인간 존재의 근원적인 가치를 탐구하는 '상위 욕구'라고 설명했다. 그러나 김건희가 말하는 '영적'이라는 것은, 이러한 본질적 가치가 아니라 권력을 지향하는 '하위 욕구'에 가깝다고 지적했다. 그러면서 그런 인물이 권력을 잡으면 부정부패로 이어지게 마련이라는 점도 꼬집었다. 홍성남은 또한 자신의 인생을 타인에게 묻는 행위 자체가 불안하고 취약한 상태임을 드러내는 것이라고 했다. 더 나아가 그것은 자신의 삶을 타인에게 내맡기는 것과 다르지 않다고 강조했다.[10]

홍성남의 이러한 우려는, 이후 김건희를 둘러싼 무속 논란이 단순한 개인의 믿음 문제를 넘어 국정 운영의 공정성과 투명성에 관한 질문으로 번져나가는 과정에서 현실화했다.

정권 출범 이후에도 대통령실은 무속과 관련된 의혹을 떨쳐내지 못했다. 대통령의 일정·외교·인사 등 여러 분야에서 관련 인물들이 직간접적으로 개입한 정황이 잇따라

---

10. 김미란, 「김건희 '난 영적인 사람, 내가 더 잘 봐' 발언 위험한 이유」, 『고발뉴스닷컴』, 2022년 1월 27일 수정, 2025년 8월 5일 접속, http://www.gobalnews.com/news/articleView.html?idxno=33295.

드러났다. 김건희는 비공식 일정에서 역술 전문가 등과 접촉한 것으로 알려졌으며, 공식 직위가 없음에도 불구하고 의전과 일정에 관여했다는 비판이 끊이지 않았다.

김건희는 대통령의 일정과 의전에 단순히 동반하는 수준을 넘어, 실제 결정 과정에서는 오히려 앞서 있었다는 증언이 반복적으로 나왔다. 2022년 6월 스페인 순방 당시, 대통령 배우자의 단독 일정 수립과 수행 인원 결정 과정에 대통령실 공식 라인이 아닌 인물들이 관여한 정황이 드러나 비선 개입 논란이 일었다.[11] 2023년부터는 대통령의 지방 일정, 문화 행사, 내부 회의 순서까지도 김건희가 조율했다는 증언이 이어졌고, 대통령실 참모 교체 역시 그의 지시에 따른 것이라는 주장이 꾸준히 제기되었다. 2024년 5월 대통령실 개편 과정에서도 김건희의 의중이 반영되었다는 보도가 정치권과 언론을 통해 동시에 확산했다.

공식 직위도 없는 대통령 배우자가 외교, 인사, 행사 순서와 같은 중차대한 국정 현안을 조율했다면, 그 판단의 근거는 과연 무엇이었는가? 바로 이 지점에서 권력의 작동 방식이 제도적 절차를 벗어난 한 개인의 직관으로 넘어

---

11. 「김건희 여사 스페인 방문 때 '민간인 동행' 논란 … 野 국정조사 요구」, 『뉴스TVCHOSUN』, 2022년 7월 6일 발행, 2025년 9월 8일 접속, https://youtu.be/qG0LiQvp4Ow?si=xyCdiDBEqOsLsjN8.

갔다는 의심이 싹튼다.

이러한 일련의 정황은 제도적 검증 절차가, 자신을 '영적인 사람'이라 칭한 그 인물의 '기운'이나 '영감'과 같은 모호한 언어로 대체되었음을 보여준다. 그 결과, 대통령 배우자가 공적 판단에 영향을 미치는 비정상적인 구조가 굳어지고 있었다.

이는 권력 운영의 방식 자체가 변질되었음을 의미한다. 과거 연산군이 성수청을 궁 안으로 끌어들이고 스스로 무당 행세를 했던 것처럼, 오늘날에도 정치적 판단과 정책 결정이 공식적인 보고 체계가 아닌 밀실에서의 사적인 판단으로 좌우되는 방식이 되살아났다. 주술적 믿음이 제도의 기능을 잠식하자 공식적인 절차는 껍데기만 남았다. 그 빈자리를, 누가, 어떻게, 왜 결정했는지 알 수 없는 '깜깜이 통치'가 채우며 굳어졌다.

법사는 무엇이냐? 법사는 관봉을 부린다

건진법사 전성배는 대선 과정에서 윤석열 후보 캠프에 실질적으로 관여한 인물이었다. 그의 아들이 국민의힘 조직본부에서 활동했고, 본인도 공식 대선 캠프 활동뿐 아니라, 불법 비밀 선거 사무소까지 운영했다는 혐의로 수사를 받았다. 해당 사무소는 그의 사비로 운영됐으며, 선거가 끝난 후 일부 보전을 받았다는 증언도 나왔다.[12]

2024년 12월, 검찰은 전성배의 자택에서 출처가 불분명한 현금 1억 6천5백만 원을 압수했다. 이 중 5천만 원은 포장도 뜯지 않은 한국은행 관봉권官封券 상태였으며, 포장지에는 대통령 취임 사흘 뒤인 2022년 5월 13일 자가 찍혀 있었다.

관봉이란 관官, 즉 정부 기관에서 밀봉했다는 뜻으로, 관봉권은 통상 금융기관을 통해서만 유통되며 개인이 직접 받거나 보관할 수 없다. 이에 따라 자금의 유통 경로를 둘러싼 논란이 일었다. 검찰은 윤석열 부부와 전성배 사이의 유착 의혹을 수사하며 관봉권의 출처를 추적했다.

전성배는 해당 자금에 대해 "어디서 받은 것인지 기억나지 않는다"라고 진술했다. 그는 기도비 명목으로 1억 원 이상을 여러 차례, 많게는 3억 원까지 받은 적이 있다고 밝혔다. 그의 법당에서는 정치인, 법조인, 경찰 고위 간부 등의 명함 수백 장이 함께 발견되기도 했다. 수사 초기 "유통 경로 파악이 어렵다"라는 한국은행의 답변과 함께, 이 의혹은 한동안 미궁에 빠지는 듯했다.[13]

---

12. 전연남,「건진법사, 사비로 '양재동 캠프' 비밀리 운영」,『SBS 뉴스』, 2025년 4월 25일 수정, 2025년 8월 5일 접속, https://news.sbs.co.kr/news/endPage.do?news_id=N1008078055.
13. 유영규,「건진법사의 돈뭉치 미스터리 … 연산군 시대와 닮았다」,『SBS 뉴스』, 2025년 4월 25일 발행, 2025년 8월 5일 접속, https://news.sbs.co.kr/news/endPage.do?news_id=N1008077030.

하지만 이후 국회 청문회 과정에서 새로운 사실이 드러났다. 압수된 관봉권의 출처를 특정할 수 있는 핵심 단서인 띠지가 고의로 훼손되었다는 점이 확인된 것이다. 띠지의 손상은, 누군가 자금의 흐름을 의도적으로 끊으려 한 증거 인멸의 정황이었다. 결국 관봉권의 출처는 '알 수 없었던' 것이 아니라, '알 수 없게 만든' 것이라는 의혹으로 번지며 논란은 더욱 커졌다.

대통령 배우자의 비선 논란과 무속인의 국정 개입 의혹, 그리고 그 뒤에 숨은 불투명한 자금의 흐름. 이 모든 정황은 주술적 믿음이 어떻게 통치의 비공식 통로이자 국정 농단의 매개가 되는지를 다시 한번 보여준다. 500년의 시간 차가 무색하게도, 관봉권은 과거 연산군 시대 무당 돌비의 집에서도, 오늘날 법사의 집에서도 발견되었다. 시대의 막은 바뀌었지만, 우리는 그저 익숙한 장면을 또다시 목격했을 뿐인지도 모른다.

위력 없는 권위의 파국

결국 이 모든 현상은 바로 '위력 없는 권위'의 발악이다.

정당한 설득력과 실력이 없으니, 윽박지르고 억누르는 '격노'와 '입틀막'에 의존할 수밖에 없는 것이다. 합리와 논리의 힘으로 국정을 운영할 자신이 없으니, '영적인 끼'에 의존해 권위의 공백을 메우려 한다. 투명한 방식으로 세력을 다질 수 없으니, 결국에는 '관봉권'과 같은 은밀한 수단에 손을 뻗치게 된다.

이들은 흩어진 파편이 아니라, 하나의 뿌리에서 자라난 것이다. 이는 위력을 상실한 권위가 어떻게 논리가 아닌 격노로, 이성이 아닌 영감으로, 그리고 투명한 제도가 아닌 은밀한 자금으로 자신을 잠식해 가는지를 보여주는 하나의 연결된 과정이다.

주술적 믿음은 통치자가 제도적 견제를 벗어나 권력을 전횡하려 할 때, 시대를 가리지 않고 되풀이되는 작동 방식이다. 연산군의 폭정은 끝내 모든 견제 장치를 무너뜨리는 붕괴로 이어졌고, 그 빈자리에 들어선 무속은 그의 사적인 복수심과 쾌락을 제약 없이 실행하는 도구가 되었다.

그러나 오늘날의 민주공화국은 제도적 견제가 작동해야 할 구조 속에서도 비선과 주술의 농단을 용인했다. 바로 그 점에서 이는 반복보다 더 심각한 제도 자체의 퇴행이며, '시대의 진보'가 환상일 수 있음을 보여준다.

그렇다면 21세기에 우리는 무엇을 목격했는가. 바로 대통령 한 사람의 감정이 헌법과 제도를 무력화시키고 국가 전체를 사적인 배설구로 전락시킨 또 하나의 '심리적 파국'이었다. 역사는 또 다른 인물을 통해 그 작동 모델을 정확히 재현해 낸 것이다.

불안의 왕, 광해군 : 도참 정치

 역사는 승자의 기록이라지만, 패자이면서도 끊임없이 다른 이름으로 부활하는 인물이 있다. 광해군光海君, 1575~1641이 바로 그 대표적인 사례다. 반정反正으로 축출된 그에게는 300년 넘게 '패륜과 배명背明의 군주'라는 낙인이 따라다녔다. 하지만 20세기 이후, 그는 명나라와 후금 사이에서 실리 외교를 펼친 선구적인 군주라는 새로운 얼굴로 다시 조명받기 시작했다.

 이러한 재평가의 흐름은 영화와 드라마 같은 대중문화 속에서 더 뚜렷하게 나타난다. 과거 폭군으로 그려지던 것과 달리, 최근의 작품들은 그의 인간적인 면모와 고뇌를 깊이 있게 조명하는 경향이 짙다. 이는 역사학계의 시각과도 궤를 같이한다. 서강대학교 교수 계승범은 광해군을 둘러싼 '국제정치의 선구자'와 '패륜의 군주'라는 양극단의 평가를 넘어서야 한다고 말한다. 그는 역사 서술에 있어 인물과 그 시대에 대한 이해를 강조하며, 그가 처했던 입장과 내면의 심리를 들여다보는 '인물사적 접근'의 필요성을 제기한다.

이 장은 바로 그 '인물사적 접근'을 열쇠 삼고자 한다. 광해군에 대한 거시적인 평가 대신 무속과 도참의 좁은 렌즈를 통해 그의 행적을 따라가 보자.

불안으로 점철된 왕좌

적자도 장자도 아닌 세자

광해군은 앞서 서술한 연산군과는 달리 정통성에서 매우 취약했다. 그의 생애는 시작부터 결핍과 긴장의 연속이었다. 그는 세자 시절부터 적자도, 장자도 아니라는 이유로 끊임없이 공격당해야 했다.

문제의 근원에는 아버지 선조가 있었다. 선조는 본인이 방계 출신으로 즉위했기 때문에 적통 계승에 대한 집착이 강했다. 광해군은 후궁인 공빈 김씨 소생의 서자였으므로, 혈통 콤플렉스가 있는 선조는 처음부터 그를 세자로 탐탁지 않게 여겼다.

임진왜란(1592) 직전까지 왕세자 책봉 문제는 계속해서 미뤄졌다. 당시 선조는 즉위한 지 20여 년이 지났지만, 정비인 의인왕후에게서 적자인 대군大君을 얻지 못했다. 후궁들에게서 태어난 왕자들만 여럿 있었는데, 후계로 우선 고려되었던 대상은 공빈 김씨 소생의 첫째 임해군과 둘째 광해군이었다. 임해군은 선조의 장남이었으나 각종 악행과 기행을 일삼았다. 장자인 임해군의 성정이 난폭하고 방탕하여 문제가 되자, 신료들의 관심은 자연히 차남인 광해군에게 쏠렸다. 광해군은 어려서부터 학문을 가까이하며 총명하다는 평판을 얻고 있었다. 이러한 점은 신료들의 기대를 모으기에 충분했다.

그러나 광해군의 친모인 공빈 김씨는 광해군을 낳은 지 3년도 안 돼 세상을 떠났고, 광해군의 외할아버지인 김희철 또한 임진왜란 때 의병장으로 활동하다 전사했다. 이처럼 주변에 그를 지지해 줄 기반이 없었다는 점 또한 훗날 그의 세자 지위가 늘 위태로웠던 이유 중 하나였다.

일찍 생모를 잃은 광해군은 어머니의 사랑을 받을 기회가 없었다. 왕위에 오른 이후 여러 대신들의 반대에도 불구하고, 후궁이었던 친모를 여러 차례 왕후로 추존하려 했다. 이는 생모에 대한 지극한 효심의 발현인 동시에, 자신의 정통성을 어떻게든 보완하려는 정치적 시도였다.

오랫동안 미루어졌던 세자 책봉이 마침내 이루어진 계기는 바로 임진왜란이었다. 20년을 끌던 책봉 문제는, 왜란이 발발한 지 단 보름 만에 내려졌다. 국가 존망의 기로에 처하자, 선조는 도성을 버리고 피난을 가기 직전에서야 국정 공백을 메우기 위해 광해군을 서둘러 세자로 삼았다.

결국 광해군의 세자 책봉은 전쟁의 돌발 상황이 만들어낸 불안정한 결과였다.

분조分朝의 주역, 견제의 대상

세자 책봉 한 달 뒤, 피난길에 오른 선조는 18세의 광해군에게 분조分朝를 명령했다. 분조는 전쟁과 같은 급박한 국가 비상사태가 발생했을 때, 왕이 다스리는 조정과는 별도로 왕세자가 직접 다스리는 조정이 조직된 것을 말한다. 즉 조정을 둘로 나누어 왕세자에게 임시로 나랏일을 맡기고, 인사권과 상벌권을 넘기겠다는 내용이었다.[1]

전란 중 다급하게 왕세자가 된 광해군은 분조를 이끌고 전시 행정 기능을 유지하고, 군사 지원 및 동원에 주력했으며, 민심 수습에 힘썼다. 당시 백성들은 왕이 도망갔다고 생각하며 크게 동요했는데, 이때 광해군은 전국을 순행하며 백성들의 고충을 듣고 의병을 독려했다. 그는 특히 평안도, 황해도, 강원도 지역을 돌며 흩어진 백성들의 마음을 다독이는 데 전념했다. 또한 전시 중 무군사撫軍司(전쟁 중에 왕세자가 직접 군사 업무를 총괄하고 지휘하던 임시 관청)를 이끌고 전라도·충청도 일대를 돌면서 병력을 모집하고, 군량을 수집하여 명나라 군대에 공급했다. 이처

---

1. 『선조수정실록』 권26, 선조 25년 6월 1일.

럼 광해군은 분조와 무군사를 이끌며 의병 활동의 구심점이 되었다. 이를 통해 광해군은 나라의 위기를 극복하는 데 큰 공을 세웠고, 국정을 실질적으로 경험하고 군사 통솔 능력을 키울 기회도 가졌다.

세자 광해군이 전국을 누비며 보여준 분조 활동은 조정 안팎에서 큰 호응을 얻었다. 반면, 의주로 피난 가 요동 망명까지 꾀했던 선조의 권위는 땅에 떨어졌다. 안에서는 양위를 요구하는 유생들의 상소를 받고, 밖으로는 명나라 황제의 질책을 받는 등 왕으로서의 위신을 크게 잃었다.

선조는 전시 상황에 떠밀려 광해군을 세자로 삼았지만, 애초부터 그를 탐탁지 않게 여겼다. 전쟁 초기 급박한 상황에서 이루어진 분조는 광해군의 입장을 난처하게 만들었다. 분조 활동을 계기로 광해군이 선조의 통치권 일부를 대신 행사하게 되자, 부왕의 견제 심리는 노골적으로 변했다.

이러한 견제는 마음에도 없는 수차례의 양위 파동으로 나타났다. 왕인 자신의 권위가 실추된 상황에서 백성들의 지지를 받는 아들이 부담스러웠던 선조는, 전쟁 중에도 왕위를 물려주겠다는 선언을 되풀이했다. 그는 모두 21차례에 걸쳐 양위 의사를 밝혔는데, 그중 18차례는 전쟁 기간 중이었다. 선조가 수시로 선위禪位하겠다고 소동을 피울 때마다 가장 괴로운 사람은 광해군이었다. 그때마다 그는 열흘이고 한 달이고 아침부터 밤늦게까지 땅에 꿇어 엎드려 양위 전교를 거두어 달라고 석고대죄를 해야 했다.[2] 그렇게 함으로써 부왕 선조에게는 절대 충성을, 신료들에게는 겸양과 효성 같은 유교 덕목을 보여줘야만 했다.

이러한 고행을 반복해야만 했던 이유는 그의 정통성이 가진 취약점 때문이었다. 계승범에 따르면, 적자도 장자도 아닌 왕자가 후계자가 될 경우, 그 지위는 군신 간의 합의에 깊이 기초한다. 따라서 왕의 마음이 바뀌거나 신료들의 지지가 흔들리면 언제든 그 지위가 박탈될 수 있었다. 실제로 광해군의 경우, 그의 성품과 잠재 능력을 신료들이 인정하고 왕 또한 이를 수용한 점이 세자 책봉에 결정적으로 작용했다. 그렇기에 비상사태를 맞아 군신의 합의로 황급히 세자로 책봉된 광해군으로서는, 유교적 덕목을 몸소 증명해 보이는 것만이 세자 지위를 유지할 수 있는 유일한 길이었던 셈이다. 결국, 전쟁이라는 비상사태 덕분에 세자에 책봉되었지만, 그 과정에서 부왕 선조의 지지를 받지 못한 세자의 자리는 늘 위태로웠다.

---

2. 계승범, 「세자 광해군 : 용상을 향한 멀고도 험한 길」, 『한국인물사연구』 제20집, 2013, 211~246쪽.

마침내 오른 왕좌, 지속되는 불안

임진왜란 이후 선조는 인목왕후를 새로운 정비로 들이고 영창대군을 낳았다. 영창대군은 선조가 얻은 첫 번째 적자로, 광해군에게 이는 지금까지와는 다른 강력한 경쟁자의 출현이었다. 적자가 태어나자 위태롭던 광해군의 정치적 입지는 더욱 불안정해졌다.

이 불안의 실체는 당시 왕세자의 지위를 결정하던 구조를 통해 더 명확히 알 수 있다.

계승범은 조선 사회에서 왕세자의 지위를 결정하는 요소로 왕의 후원, 종법상의 정통성, 신료들의 지지, 그리고 명나라 황제의 책봉 등 네 가지를 들었다.[3] 그러나 광해군은 이 모든 면에서 취약했다. 다른 왕자들에 비해 품행이 바르고 총명하다는 신료들의 인정을 받기는 했지만, 부왕의 총애도 받지 못하고 종법상의 정통성도 취약한 그에게, 명나라 황제의 책봉은 세자 지위를 유지하는 데 가장 절실한 요소였다. 특히 임진왜란을 거치며 조선에 대한 지원으로 명의 내정간섭이 어느 때보다 심해진 상황에서, 명 황제의 승인이 갖는 정치적 의미는 그 어느 때보다 클 수밖에 없었다.

1594년부터 1604년까지, 조선은 여러 차례에 걸쳐 명

---

3. 같은 글.

나라에 광해군의 세자 책봉을 요청했으나 번번이 거절당했다. 명나라는 "장자인 임해군이 살아있고, 적자가 없는 상황에서 서차남庶次男을 세자로 삼는 것은 종법 질서에 어긋난다"라는 명분을 내세우며 승인을 지연시켰다. 광해군은 세자 시절 내내 다섯 번이나 책봉을 거절당했고, 끝내 공식적인 인정을 받지 못했다.

결국 광해군이 즉위한 지 1년 후에야 비로소 그를 왕으로 책봉했다. 심지어 이 과정에서 명나라 사신이 노골적으로 뇌물을 요구하는 등 외교적 어려움을 겪어야 했다. 이는 정통성을 국제적으로 인정받는 중요한 절차였기에, 광해군의 왕권 안정에 큰 부담으로 작용했다.[4]

1608년 선조가 세상을 떠나자, 광해군은 우여곡절 끝에 왕위에 오르는 데 성공했다.

왜곡된 왕권 강화

광해군이 왕위에 오르기까지의 과정은, 주인공이 숱한 역경을 이겨내는 한 편의 동화와도 같았다. 그러나 현실 속 옛날이야기는 동화같은 행복한 끝을 맺지 못했다. 고난을 딛고 어렵게 왕좌에 올랐지만, 오랫동안 명으로부터 세자 책봉을 받지 못했고, 정비 소생의 적자인 영창대군이

---

4. 같은 글.

존재한다는 점에서 그의 왕좌는 여전히 불안했다.

광해군 재위 기간에는 이전 왕들과 비교해 유난히 많은 역모 사건이 끊이지 않고 발생했다. 즉위 직후 친형인 임해군의 역모 사건으로 시작하여 재위 마지막은 인조반정으로 끝을 맺었다. 재위의 시작과 끝이 모두 역모와 반역으로 엮인 셈이다.

1608년 즉위하자마자, 임해군이 사병을 양성하고 반역을 도모한다는 고변이 올라왔다. 임해군은 유배되었다가 죽음을 맞이했다. 같은 해, 세자 시절의 광해군을 해치려 했다는 혐의로 선조 대의 영의정 유영경이 사사되었다.

광해군 4년(1612)에는 왕실의 종친인 진릉군을 옹립하고 역모를 꾀한다는 고변으로 옥사가 일어났다. 그 이듬해인 광해군 5년(1613)에는 영창대군을 왕으로 옹립하려 했다는 역모 고변을 빌미로 계축옥사癸丑獄事(1613)가 발발했다. 당시 집권 세력이었던 대북파가 주도한 이 사건으로 영창대군과 인목대비의 아버지 김제남 등이 제거되었고, 서모庶母인 인목대비마저 폐위되었다. 계축옥사는 폐모살제廢母殺弟, 즉 어머니를 폐하고 동생을 죽였다는 비난을 낳으며 훗날 인조반정(1623)의 가장 중요한 명분이 되었다. 이는 패륜적 행위로 치부되어, 그로 인해 광해군은 유교 국가의 군주로서 정통성에 치명적인 손상을 입었다.

끝없는 고변과 고착된 공안 정국

이후에도 역모를 꾸몄다는 고발은 끊이지 않았고, 관련자들에 대한 추국은 광해군 12년(1620)까지 이어졌다. 그의 재위 기간에 총 10건의 역모 사건이 지속적으로 발생했으며 대부분 장기화됐다.[5]

왕조 국가에서 반역은 왕에 대한 도전이며, 정치체계의 근간을 부정하는 중죄였기 때문에 이는 가장 무거운 형벌로 처벌할 수 있었다. 광해군은 위협이 되는 세력을 합법적으로 제거하는 통치 수단으로 이 역모 사건을 활용했다. 그는 정치적 반대 세력을 제거하기 위한 공포 정치의 일환으로 역모 사건을 수사하고 이를 수습하는 방식을 고수했다. 그 결과, 사건의 수습은 필연적으로 지연될 수밖에 없었다.

하지만, 이 과정에서 드러난 수사 방식은 조선의 기본적인 사법 절차를 무시하는 비정상적인 행태였다. 전근대 범죄 사건에서 자백은 어떤 증거보다 더 우선되었다. 그러나 광해군 대의 역모 사건 조사는 역모자의 자백 없이 진행되는 경우가 잦았다. 심지어 주모자가 혐의를 끝내 부인했음에도, 사건에 대한 조사는 제대로 진행되지 않았다.

---

5. 권은나, 「광해군대 반역 사건을 통해 본 정국운영」, 『대구사학』 제148집, 2022. 5.

이러한 절차의 무시는 즉위 직후부터 나타났다. 임해군 사건의 경우, 단 하루 만에 유배를 결정하고 처분을 내린 뒤에야 관련자들에 대한 추국이 진행되었다. 이 사건은 수괴의 승복도 없이 역모 사건으로 성립되었다. 같은 해 있었던 유영경 탄핵 사건 또한 이와 비슷했다. 영창대군 편에서 광해군의 즉위를 방해했다는 이유로, 선조 대의 영의정 유영경을 비롯한 중신들을 반역죄로 파직하거나 유배 보냈다. 이 역모 사건 역시 특정한 고변자 없이 삼사三司를 통해 역모로 규정되었다.

역모 고변은 또한 다른 범죄를 수사하는 도중에 파생된 경우가 많았다. 계축옥사의 경우, 문경새재에서 발생한 은銀상인 강도 살인 사건을 빌미 삼아 역모로 사건을 확대해 나간 옥사였다. 이렇듯 다수의 사건에서 주모자의 자백 없이 형이 집행되었고, 형법 절차 또한 무시되었다. 이는 유교적 법질서의 근간을 흔들었다.

광해군은 자신에게 위협이 되는 세력을 반역죄로 규정하고 장기적인 추국과 처벌을 통해 그들을 제거해 나갔다. 그의 의도는 권위를 강화하고 정권을 안정시키려는 것이었다. 하지만 국정 전체가 역모 사건에만 집중되면서, 오히려 정상적인 정치와 행정이 마비되는 부작용을 낳았다. 역설적으로, 실체 없던 역모에 대한 집착이 실제 반정을 불러온 셈이다. 그리고 길어지는 추국 과정은, 그 자체로 더 큰 문제를 낳았다.

행정의 마비와 국정 기능의 정체

연이은 역모 사건의 여파는 가장 먼저 핵심적인 국정 기능의 정지로 나타났다. 광해군 4년(1612) 홍문관은 역모 추국을 이유로 계속 미뤄진 경연經筵을 조속히 열 것을 여러 차례 청했다. 그러나 광해군은 역모 사건이 아직 마무리되지 않았고, 자신의 건강도 좋지 않다는 이유로 번번이 거절했다.6 광해군 8년에는 옥사가 밀려 있다는 이유로 과거科擧 시행을 미루었다.7 광해군 13년 이후로 과거가 시행되지 않았고, 광해군 15년에는 시행되지 못한 과거가 7~8개나 밀려 있었다.8

경연의 중지가 왕과 신료들 사이의 소통을 막아 국정의 두뇌를 멈춘 것이라면, 과거의 정지는 새로운 인재 수혈을 막아 국가의 동맥을 끊은 것과 같았다. 이처럼 국정 운영의 핵심적인 축들이 멈춰 서면서, 행정 전반은 마비 상태로 빠져들고 있었다.

또 다른 폐단은 옥사獄舍의 인적, 물적 비용이었다. 역모 사건이 장기적으로 이어지자, 의금부와 전옥서의 옥 규

---

6. 『광해군일기(중초본)』 권56, 광해군 4년 8월 8일.
7. 『광해군일기(중초본)』 권106, 광해군 8년 8월 11일.
8. 권은나, 「광해군대 반역 사건을 통해 본 정국운영」, 앞의 책.

모에 비해서 너무나 많은 죄수가 갇혀 전염병과 굶어 죽는 사람이 속출했다. 광해군 11년(1619), 감옥에 갇힌 죄수의 상당수가 역모 관련자로, 전체의 3분의 1을 훌쩍 넘는 수준이었다. 이들을 수용하는 데 드는 막대한 비용은, 국방 예산인 군량미를 관리하는 군자감軍資監에서 지출되었다.[9] 군자감이 이러한 비용까지 담당하려니 국고의 어려움은 더 가중되었다. 당시는 후금이 급부상하면서 대외 정세가 더욱 불안정해지는 시기였다. 어느 시기보다 군량미의 중요성이 높았던 때에, 역모 수사의 장기화로 인해 군량미가 엉뚱한 곳에 소비되었다.[10]

결국 광해군의 공안 정국이 낳은 행정 마비는, 수도 한양의 치안 붕괴와 같은 최악의 결과로 이어졌다. 당시 한양의 치안을 담당하는 기관은 포도청이었다. 그런데 포도청의 인력이 역모 사건 조사에 투입되거나 왕의 경호와 궁궐 경비에 대거 투입되면서 도성의 치안에 공백이 생겼다.

특히 광해군 5년(1613) 계축옥사가 발생했던 당시, 한양은 무법천지나 다름없었다. 3월에 도성 안에서 흉기 살인 사건이 빈번하게 일어났고, 가까운 교외까지도 큰 도적 떼가 들끓는 등 예전에는 없었던 변고가 발생했다.[11] 그리

---

9. 『광해군일기(중초본)』 권147, 광해군 11년 12월 30일.
10. 권은나, 「광해군대 반역 사건을 통해 본 정국운영」, 앞의 책.
11. 『광해군일기(중초본)』 권66, 광해군 5년 3월 8일.

고 다음 달에는 남산에서 남쪽에 해적이 출몰했음을 알리는 봉화가 올랐다는 유언비어가 퍼졌다. 소문이 빠르게 확산하면서, 백성들이 공포에 질려 피난 준비를 하는 소동이 벌어졌다.[12] 다음 날에는 청파(현재 서울 용산구) 인근에 30여 명의 강도떼가 나타나 금부도사와 포도군관을 사칭하며 민가에 불을 지르고 사람을 살해한 뒤 도주했다. 이 사건으로 도성의 민심은 극도의 공포에 휩싸였다.[13]

계축옥사로 인한 왕의 친국이 한창인 가운데, 도성 바로 근처에서는 이처럼 충격적이고 기괴한 일이 발생했다. 이는 단순한 절도 사건의 차원을 넘어, 국가 치안 유지에 심각한 허점이 생겼음을 의미했다. 포도청의 인원이 역모 사건을 조사하는 것에 편중하면서 일반 치안 관리가 소홀해진 결과였다.[14] 왕이 역모라는, 실체 없는 적과 싸우는 데 몰두하는 동안, 길거리의 백성들은 실체적인 위협에 무방비로 노출되었다. 국가가 마땅히 있어야 할 곳에 존재하지 않았던 것이다.

중앙에서 벌어지는 역모 수사의 장기화는 지방 행정에도 영향을 미쳤다. 본래 중앙 관서에서 다뤄야 할 지방의

---

12. 『광해군일기(중초본)』 권65, 광해군 5년 4월 29일.
13. 『광해군일기(중초본)』 권66, 광해군 5년 5월 1일.
14. 차인배, 「光海君 前半 逆獄事件과 捕盜廳의 活動」, 『역사민속학』 제27집, 한국역사민속학회, 2008.

형사 사건들마저 그 처리가 지연되었다.

이렇게 연달아 문제가 터졌음에도 광해군은 역모 추국을 통한 공안 통치를 멈추지 않았다. 그는 왕위 계승이 가능한 종친들을 제거하며, 자신의 왕좌를 지키는 데에만 혈안이 되었다.

상징 조작을 통한 정통성의 보완 시도

광해군에 대한 다양한 평가에도 불구하고, 그의 내정에 대해서는 부정적인 시각이 많다.[15] 이 시기 정치적 반대 세력이나 잠재적 정적을 탄압하는 역모 고변과 옥사가 끊이지 않았다. 이들 상당수는 집권 세력인 대북파가 반대파를 숙청하고 권력을 강화하기 위해 조작하거나 과장한 경우가 많았다. 역모 사건이 계속 터지면서 조정과 사림 사회 전반에 극심한 공포와 불신이 만연했다. 누가 언제 역모에 엮여 죽임을 당할지 모른다는 공포감이 팽배했다. 즉, 광해군 시대는 위태로운 왕권의 시작을 공고히 하기 위해 역모라는 명분을 내세워 공포 분위기를 조성했던 '공안 정국'의 시기였다.

하지만 반복되는 옥사와 숙청은, 특히 종친들을 제거하는 과정에서 심각한 정치적 부담을 낳았다. 반역자를 처

---

15. 계승범, 「세자 광해군 : 용상을 향한 멀고도 험한 길」, 앞의 책.

단하는 것은 왕의 권한이었지만, 혈족을 죽이는 것은 유교 사회에서 패륜으로 비칠 수 있는 위험한 행위였기 때문이다. 따라서 광해군은 자신의 행위를 정당화하고 신하들의 충성을 확인하기 위한 또 다른 장치가 필요했다.

그것이 바로 존호尊號였다. 존호는 본래 왕의 공덕을 기리기 위해 신하들이 올리는 칭호였지만, 광해군 대에는 그 의미가 변질되었다. 그는 재위 중 총 6차례 존호를 받았는데, 이는 선대 왕들과 비교해 이례적으로 많은 횟수였다.[16] 특히 주목할 점은, 그가 임해군, 영창대군, 진릉군 등 종친이 연루된 역모 사건을 수습할 때마다 존호를 받았다는 사실이다. 이는 존호가 종친을 제거한 후 이를 정당화하고, 흔들리는 왕권을 상징적으로 보완하려는 '정치적 의례'로 활용되었음을 보여준다. 재위 초부터 수차례 추진했다가 실패한 친모의 왕후 추존 역시, 부족한 정통성을 보완하려는 같은 맥락의 시도였다.

하지만 이처럼 공포와 상징 조작에 기댄 방식만으로는, 그의 근본적인 정통성 문제를 해결할 수 없었다. 정치적 해법이 한계에 부딪히자, 그는 결국 초월적인 다른 영역에서 그 해답을 찾으려 했다.

---

16. 계승범, 「광해군, 두 개의 상반된 평가」, 『한국사학사학보』 제32집, 2015. 12.

광해군, 불안에 잠식된 통치자

 임진왜란 당시 분조를 이끌며 영웅적 면모를 보여줬던 세자 광해군은 왜 공포 정치를 하는 왕으로 전락했을까? 그 씨앗은, 전쟁 후 무려 16년간 위태로운 세자 자리에 머물며 선조의 견제와 냉대를 견뎌야 했던 그의 깊은 피해의식에서 싹텄다. 그는 명의 승인도 받지 못했다는 이유로 아버지에게 공개적으로 면박을 당하고, "세자라 칭하지도 말라"라는 말을 들어야 했다. 긴 세월 동안 언제 내쳐질지 모른다는 불안 속에서 그는 살얼음판을 걷듯 하루하루를 버텼다. 최고 권력자인 아버지가 자신을 끌어내리려 한다는 압박 속에, 피해의식에 사로잡혀 역모에 예민해질 수밖에 없었다.

 이처럼 심리적으로 취약한 통치자는 필연적으로 소수의 측근에게 의존하게 된다. 광해군의 경우가 바로 그러했다. 그의 오랜 불안과 피해의식은, 그의 곁에서 절대적인 충성을 약속한 지지 세력인 대북파에게 모든 권력을 집중시키는 결과를 낳았다. 그리고 이들은 역모 고변을 일으켜 반대파를 숙청하며, 왕의 불안을 자신들의 권력 장악을 위한 수단으로 이용했다. 어리석은 군주가 간신을 부르는지, 간신이 왕을 파멸로 이끄는지 선후를 가리기 어려운 이 관계는, 결국 서로를 깊은 나락으로 이끄는 악순환의 고리를 형성했다. 그 속에서 왕은 점차 측근들이 제공하는 왜곡된 정보에 둘러싸여 현실을 제대로 파악하지 못하게 되었다.

그러나 명나라의 쇠퇴와 후금의 부상이라는 국제 정세의 격변은 이 위태로운 공생 관계마저 무너뜨렸다. 명나라가 후금 정벌을 위한 파병을 요청하자, 전쟁의 참상을 겪었던 광해군은 중립 외교를 꾀했다. 하지만 이는 신하들의 강력한 반대에 부딪혔다. 심지어 역모에 관해서 항상 광해군의 뜻을 따랐던 대북파마저 명분론을 내세우며 그에게서 등을 돌렸다.

계속되는 명나라의 요구와 믿었던 측근들의 반발로 광해군은 완벽한 고립무원의 처지에 놓였다. 이 극심한 심리적 압박과 정치적 고립 속에서, 그는 더 이상 합리적이고 이성적인 판단을 내릴 수 없었다.

현실 정치에서 설 자리를 잃은 군주에게, 눈에 보이고 손에 잡히는 '공간'을 통해 왕권을 증명하려는 시도는 가장 즉각적이고 매혹적인 탈출구였다.

풍수도참에 대한 집착

불안의 시대, 다시 찾아오는 그림자

조선 개국을 설계한 정도전은 "치란治亂, 즉 나라가 다스려지고 어지러워지는 것은 땅의 형세가 아니라 사람에게 달려 있다"라고 역설했다.[17] 나라의 흥망성쇠는 음양오행이나 풍수에 의해 결정되는 것이 아니었다. 그에 따르면 모든 관건은 나라를 다스리는 자의 마음가짐과 노력에 있었다.

오늘날 전해지는 〈무학도사의 왕십리〉 같은 고사와 달리, 실제 건국 당시 수도 한양의 입지는 풍수 논리가 아닌 실용적 고려에 따라 결정되었다. 이는 건국 세력이 풍수보다 유교적 합리주의를 앞세웠음을 보여준다. 하지만 한양 천도라는 이 합리주의의 승리에도 불구하고, 풍수지리가 완전히 쇠퇴한 것은 아니었다. 성리학은 단지 각종 술수에 대한 지나친 맹신을 억제하는 역할을 했을 뿐, 풍수지리는 궁정과 백성들의 일상생활에서 여전히 중요한 영향력을 행사하고 있었다.[18]

감당하기 어려운 현실에 직면했을 때, 보이지 않는 초월적인 힘에 의지하려는 것은 인간의 보편적인 본성이다. 임진왜란과 같은 거대한 재앙은, 인간의 능력으로 어찌할 수 없는 불안을 무속에 대한 강한 의존으로 이끌었다. 현실을 타개할 능력도 의지도 부족한 상황에서, 굿과 주술, 풍수와 같은 힘을 빌려 위기를 극복하고 개인적 영달까지

17.『태조실록』권6, 태조 3년 8월 12일.
18. 임종태,「풍수지리와 정치」,『하늘, 시간, 땅에 대한 전통적 사색』(한국문화사15), 국사편찬위원회 편, 두산동아, 2007. 12, 252~253쪽.

누릴 수 있다는 얄팍한 믿음은 많은 이들에게 매력적인 해결책이었을 것이다.

이러한 배경 속에서 무속과 점복은 임진왜란을 거치며 위로는 왕에서부터 아래로는 일반 백성에 이르기까지 사회 전반을 파고들었다. 특히 선조는 전쟁을 겪으며 현실을 운명이나 운수 차원으로 받아들이는 경향이 강해졌고, 전란 이후에는 경연에서 『주역』만 강독할 정도였다.[19]

선조는 전쟁의 책임을 엉뚱한 곳에서 찾았다. 그는 전란이 한양과 궁궐의 풍수지리 때문이라 믿었다. 심지어 파괴된 한양을 재정비하고 궁궐을 재건하는 과정에서 풍수설을 활용하고자 명나라에 풍수가를 요청하기까지 했다. 이는 국가 재난의 근본 원인을 외면하고 초자연적인 요소에서 해답을 찾으려는, 그의 현실 도피적인 태도를 여실히 보여주는 대목이었다.

선조는 중국인 풍수가들을 데려와 한양 정비 계획을 검토하게 하고 궁궐터를 돌아보게 했다. 그러나 당장 시급한 궁궐 공사조차 엄두를 내지 못하는 상황에서 이는 현실성 없는 계획이었다. 그는 명나라 풍수가들의 말을 믿고 그들에게 군사 훈련을 맡기는 비상식적인 모습까지

---

19. 노대환, 「광해군대의 궁궐 경영과 풍수지리설」, 『조선시대사학회』 제63집, 2012, 225~256쪽.

보였다. 결국 이들에게 군사적 지식이 없다는 사실이 드러나면서 선조의 풍수 활용 계획은 실패로 끝날 수밖에 없었다.

광해군은 유독 미신에 대한 집착이 강했다. 그는 음양술, 점술, 풍수지리 등 가리지 않고 모든 무속에 깊이 빠져들었다. 구체적인 증거 없이도 자신이 믿고 싶은 대로 확신하는 그의 비뚤어진 신념 체계는, 실체가 없는 역모 모의를 믿을 때와 같은 방식으로 작동했다.

이러한 비합리적인 믿음은 그의 가장 큰 약점인 취약한 정통성과 결합하며, 풍수지리에 대한 병적인 집착으로 나타났다. 이는 아버지 선조의 영향도 있었지만, 광해군은 부왕 선조와는 다른 이유에서 풍수에 지대한 관심을 보였다. 그는 풍수설을 통해 자신의 정통성을 보완하고 왕좌를 지키려 했다.

한양의 기운이 다했다는 풍수가의 주장에 동조하여 교하(현재 경기도 파주시 일대)로 천도를 계획했다. 또한, 신하들의 거듭된 반대에도 불구하고 풍수를 명분 삼아 인경궁과 경덕궁 등 대대적인 궁궐 공사를 강행한 것이 그 대표적인 시도였다.

풍수도참이 낳은 거대한 궁궐 공사

광해군의 대표적인 실정 중 하나는 그가 무리하게 추

동궐도. 1820년대 후반 제작된 궁궐 그림으로, 창덕궁과 창경궁 일대를 세밀하게 묘사하고 있다. 임진왜란 이후 광해군이 재건한 궁궐의 공간 구조가 이후 조선의 중심으로 자리 잡았음을 보여주는 대표 자료다. (출처 : 한국학중앙연구원)

진한 궁궐 건축이다. 왕조 국가에서 궁궐은 곧 나라의 상징이자 왕조 그 자체를 의미했다. 따라서 임진왜란으로 대부분의 궁궐이 소실된 상황에서 어느 정도의 재건 공사는 불가피했다. 그러나 그가 추진한 궁궐 공사는 단순한 복구 수준을 넘어섰다. 소실된 궁궐들의 재건을 넘어 새로운 궁궐의 창건까지 동시에 진행한 것이다. 현재 서울에 남은 조선 5대 고궁 중 무려 4곳이 광해군 대에 재건되거나 세워졌다는 사실은 그가 얼마나 궁궐 건축에 집착했는지를 극명하게 보여준다.

그는 전쟁으로 불탄 창덕궁(1610)과 창경궁(1616)을 복구하고, 선조의 임시 거처였던 경운궁(1611, 훗날 덕수궁)을 정식 궁궐로 승격시켰다. 여기서 그치지 않고 왕기王氣가 서렸다는 풍수설을 명분 삼아 경덕궁(1617, 훗날 경희궁)을 새롭게 창건하기 시작했다. 나아가 현재는 사라진 인경궁을 추가로 지었다. 인경궁은 그 규모 면에서 조선 역사상 가장 큰 궁궐로 기록될 정도였다.

전후 복구가 시급한 상황에서, 그는 소실된 궁궐을 재건하는 데 그치지 않고 새로운 궁궐 두 곳을 동시에 지은 것이다. 이는 복구를 넘어선 방대한 건축 남발이었다. 이 과정에서 발생한 재정 낭비는 백성들의 극심한 고통을 담보로 한 것이나 다름없었다.

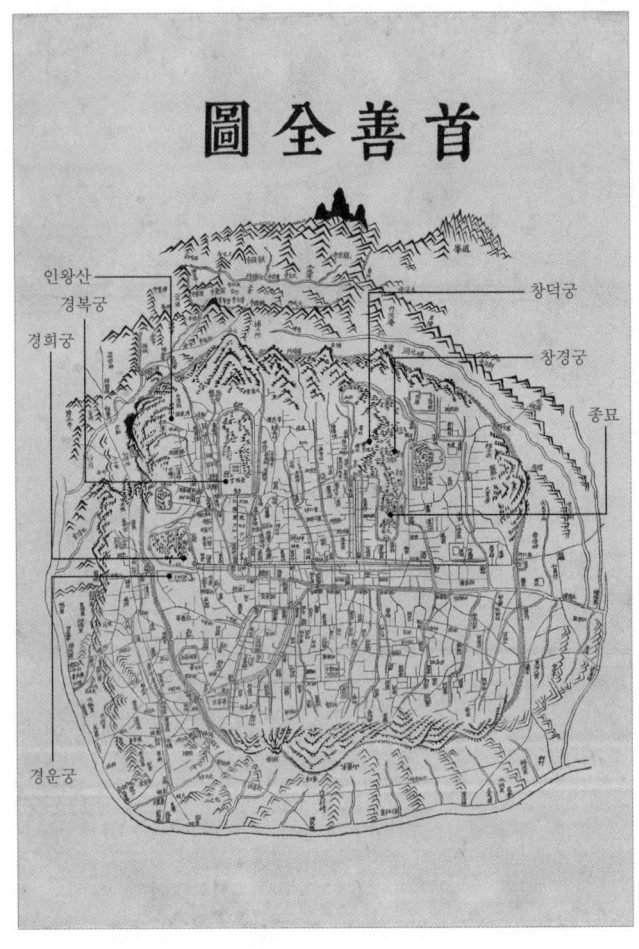

수선전도(首善全圖). 1840년대 한성의 지도. 고산자(古山子) 김정호가 제작한 것으로 추정되는 19세기 목판본 서울 지도. '수선'(首善)은 수도 서울을 뜻한다. 궁궐과 산지, 도로망 등을 정교하게 담아내어 역사적 가치와 판화로서의 예술적 가치가 모두 높게 평가된다. (출처 : 국립중앙박물관)

전란 후 피폐한 상황에서 공사를 반대하는 목소리가 높았지만, 광해군은 자기 뜻을 꺾지 않았다. 규모를 줄이거나 시기를 늦추자는 반대가 재위 기간 내내 이어졌으나, 오히려 후반기로 갈수록 그 강도는 더 거세졌다. 그에게 이 막대한 비용은 단지 재정의 낭비가 아니었다. 그것은 '정통성'이라는 보이지 않는 불안을 '궁궐'이라는 보이는 실체로 덮기 위해, 반드시 치러야 할 대가였기 때문이다.

왕기王氣를 찾아

광해군의 풍수 집착은, 기존 궁궐을 기피하고 새 터를 찾으려 하면서 시작되었다. 『광해군일기』에는 그가 술사들에게 궁궐터를 살피게 하고, 심지어 그들에게 궁궐 및 토목 공사를 맡긴 기록이 남아 있다. 창덕궁을 재건하고도, 그곳이 단종과 연산군이 폐위된 장소라며 입궁을 몹시 꺼렸기 때문이다. 이에 지관地官 이의신은 도성의 기운이 쇠하였으니 새로운 터로 옮겨야 한다며 교하로의 천도를 주장했다.[20] 그러나 교하 천도는 신하들의 격렬한 반대에 부딪혀 결국 실패했다.

신하들의 반대가 거셀수록, 그의 집착은 더 심해졌다. 그는 궁궐 재보수 과정에 여러 술사의 의견을 반영하려고

---

20. 『광해군일기(중초본)』 권62, 광해군 5년 1월 1일.

창덕궁 인정전. 광해군은 창덕궁을 재건하고도, 단종과 연산군이 폐위된 장소라는 이유로 입궁을 꺼렸다. 터가 불길하다는 미신적 두려움은 새로운 길지를 찾아 왕기(王氣)를 얻으려는 그의 집착으로 이어졌다. (사진 출처: 국가유산청)

했다. 그러나 이마저도 옛 법을 지켜야 한다는 조정 신료들의 거센 반대에 번번이 부딪혔다. 결국 그는 기존의 틀을 버리고, 아예 새로운 궁궐 건립에 나섰다.

그를 사로잡은 것은 왕기王氣가 서렸다는 술사들의 말이었다. 광해군 8년, 승려 성지와 술관 시문룡이 인왕산이 궁궐터로 적당하다고 주장하자 그는 크게 기뻐하여 인경궁 공사를 추진했다. 성지는 인왕산의 기이한 돌산 형세와 '인왕'仁王이라는 이름 자체가 길한 도참이므로, 왕이 이곳에 거주하면 왕조의 운수가 연장되고 태평성대를 이룰 수 있다고 역설했다.[21]

그러나 며칠 뒤 승정원에서는 "계속되는 궁궐 건축에 백성들의 삶이 심히 피폐해지고 민심이 동요하여 수습할 수가 없을 지경"이라며 상소를 올렸다. 그들은 "잡술과 요설에 현혹되지 말고, 궁궐 건설 명령을 거두어 달라"고 간청했다.[22] 이는 광해군이 궁궐 건축을 다른 어떤 이유보다 풍수적인 신념에 따라 추진했음을 여실히 증명한다.

그러나 주위의 강한 반대에도 불구하고 그는 인왕산 아래에 인경궁 공사를 강행했다. 그뿐만 아니라 이듬해에는 정원군의 집에 왕기王氣가 흐른다는 술관 김일룡의 말을

---

21. 『광해군일기(중초본)』 권101, 광해군 8년 3월 24일.
22. 『광해군일기(중초본)』 권101, 광해군 8년 3월 20일.

들고, 그 집을 빼앗아 또 다른 새 궁궐인 경덕궁 건립에 나섰다.

동시에 시작된 이 대규모 공사는 막대한 인적·물적 자원을 소모했다. 총괄 관리 및 실무 담당자만 수백 명에 달했으며 수천 채의 민가가 철거되었다. 이 공사는 나라에 엄청난 재정 부담을 안겨주었다. 여기에 명나라의 파병 요구까지 겹치면서 재정은 파탄 직전에 이르렀다.

피해는 곧 비용의 문제를 넘어섰다. 국가 행정을 담당해야 할 수많은 관료와 자원들이 장기간 궁궐 공사에만 매달림으로써 다른 행정 업무의 공백과 비효율을 야기한 것이다. 여러 신하가 광해군의 궁궐 공사 폭주를 막기 위해 먼저 한 궁궐을 완성한 후 차례로 진행할 것을 청하였으나, 그는 이를 듣지 않았다.

풍수도참으로 세우려던 정통성

그렇다면 광해군은 과연 왜 이토록 무리하게 궁궐 공사를 추진했던 것일까?

그 배경에는 전후 위태로운 왕권과 심리적 압박 속에서, 자신의 취약한 정통성을 보완하려는 비이성적인 집착이 자리 잡고 있었다. 이는 단순한 정치적 계산을 넘어, 광해군 개인이 가졌던 풍수도참에 대한 깊은 맹신에서 비롯됐다.

광해군은 즉위 초부터 기존 궁궐에 강한 거부감을 드러냈다. 그는 창덕궁을 단종과 연산군, 두 비극적인 왕이 폐위된 장소라는 이유로 흉한 기운이 서려 있다고 여겼다. 임진왜란으로 불탄 경복궁 역시 기운이 쇠했다며 복구를 외면했다.

이는 과거의 비극이 특정 공간의 기氣를 오염시킨다는 왜곡된 믿음에서 비롯된 미신적 공포에 가까웠다. 이 믿음은 정궁 복구보다 새로운 길지吉地를 찾아야 한다는 강박으로 이어졌고, 지관 이의신이 도성의 기운이 쇠했다고 주장했을 때 실제 교하 천도를 추진했던 것에서도 나타났다. 결국 그는 해답을 터의 기운에서 찾으려 했다.

이와 같은 강박의 뿌리를 이해하기 위해서는, 그의 아버지 선조에게까지 거슬러 올라가야 한다.

조선시대 왕위는 본래 적장자에게 계승되는 것이 가장 중요했으나, 선조의 즉위는 이러한 원칙에서 벗어나 있었다. 선조는 11대 왕 중종의 서자인 덕흥대원군의 셋째 아들이었다. 중종 사후 적장자인 인종이 왕위에 올랐으나 후사 없이 승하했고, 그 뒤를 이은 이복동생 명종 또한 후사 없이 세상을 떠났다. 결국 왕위는 중종의 손자이자 방계 혈족인 선조에게 돌아가게 된 것이다.

이처럼 방계혈족으로 왕위에 올랐기에, 선조는 정통성 논란의 여지를 안고 있었다. 광해군은 부친의 이러한 약점을 보완하고 자신의 정통성 또한 공고히 하고자 했다.

이를 위해 광해군은 선조의 묘호를 선종(宣宗)에서 선조(宣祖)로 개정했다. 당시 '조'(祖)는 보통 국가를 세우거나 중흥시킨 공이 큰 왕에게 붙이는 것으로, '종'(宗)보다 격이 높다고 여겨졌다. 선조를 중흥 군주로 격상시킴으로써, 그의 즉위가 우연이 아니라 하늘의 뜻에 따라 나라를 구할 목적으로 이루어졌다는 신성한 의미를 부여하려 한 것이다.

이는 단순히 아버지의 이름을 바꾸는 것을 넘어, 선조의 즉위 명분을 근본적으로 변경하려는 의도였다. 즉, 명종의 후사가 없어 어쩔 수 없이 뒤를 이은 수동적이고 미약한 명분에서 벗어나, 나라의 위기를 극복하고 다시 일으켜 세운 위대한 군주라는 새로운 서사를 부여하려 했다.

그리고 그 하늘의 뜻을 뒷받침하기 위해 동원된 것이 바로 왕기설(王氣說)을 비롯한 풍수도참사상이었다.

먼저 〈인왕산 왕기설〉이 광해군의 판단에 큰 영향을 미쳤다. 당시 풍수사들은 선조가 왕위에 오를 수 있었던 이유는 그가 태어난 덕흥대원군의 사저가 바로 왕기(王氣)가 서린 길지였기 때문이라고 주장했다. 광해군은 이 주장에 깊이 빠져, 인왕산 아래에 거대한 인경궁을 건설함으로써 선조로부터 이어지는 그 왕기를 자신이 공간적으로 계승하고 있음을 만천하에 내세우려 했다.[23] 이는 선조의 즉위가 천명(天命)에 따른 필연이었음을 강조하는 동시에, 자신

겸재 정선, 인왕제색도. 광해군은 인왕산에 왕의 기운이 서린다고 믿어 서쪽에 새 궁궐(경희궁)을 짓게 했다. 인왕산 왕기설은 그의 풍수 집착을 보여주는 대표적 사례다. (출처 : 국립중앙박물관)

또한 그 정통성을 물려받았다는 그의 비이성적인 믿음의 발현이었다.

〈새문동 왕기설〉 또한 광해군의 궁궐 건축에 큰 영향을 미쳤다. 이는 선조가 왕위에 오르기 전 머물렀던 복성군의 집터에 왕기가 서려 있다는 주장이었다. 복성군은 중종의 서장자로, 선조에게는 큰아버지에 해당하는 인물이었다. 선조는 후사가 없던 복성군의 계후繼後가 됨으로써 그 집터와 인연을 맺게 되었다. 훗날 왕위 계승과는 거리가 멀었던 선조가 왕위에 오르자, 사람들은 그 터에 깃든 왕기가 즉위에 영향을 미쳤다는 풍수적 해석을 덧붙였다. 광해군은 이 역시 맹신하여 새문동에 경덕궁을 지었다. 이를 통해 아버지 선조의 즉위가 풍수적으로 필연이었음을 증명하고, 나아가 자신 역시 그 왕실의 기운을 계승하고 있음을 공고히 하려 했던 것이다.[24]

결론적으로 광해군의 무리한 궁궐 건축은 단순히 왕실의 권위를 회복하려는 정치적 계산을 넘어선 것이었다. 그 깊은 기저에는 왕기설과 같은 풍수도참에 대한 광해군 개인의 맹목적이고 왜곡된 믿음이 강력하게 작용했다. 전후 복구와 민생 안정이 시급한 상황에서 신하들의 거듭된 만

---

23. 윤정, 「광해군대 仁慶宮 건립과 '仁王山王氣'說 — 宣祖 즉위 사적과의 상관성」, 『진단학보』 제136집, 진단학회, 2021, 95~133 쪽.
24. 같은 글.

류를 무시하고 막대한 재정을 쏟아부었던 그의 결정은, 이성적인 판단이라기보다 미신적 확신이 국가 경영에 더 큰 영향을 미쳤음을 시사한다. 이러한 집착은 결국 재정 파탄과 백성의 고통을 초래하며, 그의 폐위에도 영향을 미치는 실정失政의 한 원인이 되었다.

연산군 대 돌비, 광해군 대 복동이

광해군의 비이성적 의존은 왕기설과 같은 풍수도참에만 국한되지 않았다. 그의 불안은 결국 특정 인물의 주술적 행위와 그에 대한 맹목적인 신뢰로까지 확장되었다. 그 대표적인 사례가 바로 무당 복동福同에 대한 광해군의 지극한 총애였다.

복동은 본래 다른 사람을 저주하는 행위로 심문을 받던 인물이었다. 하지만 자기가 저주를 풀 수 있고, 기도로 중전의 병을 낫게 할 수 있다고 장담하며 광해군의 눈에 띄어 오히려 왕의 총애를 받게 되었다. 그는 복동을 귀하게 여기며 그에게 파격적인 권한을 부여하기 시작했다.

광해군은 자신의 세자 시절 잠저潛邸였던 이현궁을 내어주며 복동의 주술 행위를 전폭적으로 지원했다. 이현궁에 신과 귀신을 그린 그림을 걸고, 심지어 역대 왕들의 위패를 늘어놓는 등 화려하고 사치스러운 제의 공간이 꾸며졌다. 왕의 행차에나 사용될 법한 의장대와 의장물까지 갖추어진 것은, 복동의 주술적 행위가 개인의 의례를 넘어 나라의 중요한 의식처럼 취급되었음을 의미한다.

복동은 밤낮으로 노래하고 춤추며 신들을 '기쁘게' 하는 행위를 계속했고, 나아가 전국 각지의 산천을 두루 다니며 기도를 올렸다. 이러한 모든 주술 행위에는 막대한 국가 재정이 낭비되었다. 기록에는 수백만 냥에 달하는 엄청난 돈이 허비되었다고 기록되어 있어, 광해군의 복동에 대한 신뢰가 재정의 건전성을 심각하게 위협할 정도로 비이성적이었음을 알 수 있다.

광해군이 무엇이든 의심스러운 일이 있으면 번번이 복동을 찾아 점을 치게 하고, 그의 말에 따라 조정 대소사를 결정하는 경우가 잦아서 당시 이를 〈성인방〉聖人房이라고 불렀다. 이러한 맹목적인 의존으로 복동에게 하사한 재물은 헤아릴 수가 없었다. 그 결과 한 달 남짓한 짧은 기간 안에 그의 세력이 조정 안팎을 뒤흔들 정도였다.[25]

복동의 사례는, 궁궐 영건의 배경에 깔린 풍수도참과 더불어, 통치자의 그릇된 믿음이 어떻게 국정을 농단하는지를 보여주는, 시대를 초월한 하나의 전형이다.

우여곡절 끝에 왕위에 오른 그는 늘 정통성을 의심받았고, 정치적 취약성을 감지한 채로, 자신의 왕좌를 지키

---

25. 『광해군일기(중초본)』 권135, 광해군 10년 12월 16일.

1단계 : 취약성
적장자가 아니라는 태생적 한계와 선조의 지속적 견제로 정통성이 위태로움

⇩

2단계 : 고립
즉위 후 반복된 옥사와 공안 정국으로 반대 세력을 제거하며 정치적 고립 심화

⇩

3단계 : 비합리적 대안
해소되지 않는 불안을 왕기설·풍수도참에 기대어 무리한 궁궐 영건에 집착

⇩

4단계 : 자기 파괴적 악순환과 몰락
대규모 토목공사로 국고 탕진·민심 상실 → 반정 명분 제공, 몰락으로 귀결

도표 3. 파멸의 4단계 : 광해군의 공간적 파국

는 데 집착했다. 정적을 제거하기 위해 과도하게 옥사를 남발하고, 무리하게 궁궐을 조성하며, 맹목적으로 주술적 예언에 기대었다가 몰락한 것이다.

결국 광해군의 비극은, 군주 한 사람의 왜곡된 신념이 시대의 현실과 조화되지 못할 때 그 대가가 얼마나 혹독한지를 역설하고 있다. 그의 파멸은 다음과 같은 명확한 단계를 거쳤다.

적장자가 아니라는 태생적 한계와 선조의 끊임없는 견제 속에서 그의 정통성은 늘 위태로웠고(1단계 : 취약성), 이는 즉위 후 반복적인 옥사와 공안 정국을 통해 반대 세력을 제거하며 자신을 정치적으로 고립시키는 결과로 이어졌다(2단계 : 고립). 그는 이 해소되지 않는 불안을 잠재우기 위해, 왕기설王氣說과 풍수도참에 기대어 무리한 궁궐 영건에 집착했다(3단계 : 비합리적 대안). 결국 이 거대한 공사는 국고를 탕진하고 민심을 잃게 만들어, 반정의 명분을 제공하는 몰락의 길로 들어섰다(4단계 : 자기 파괴).

이것이 바로 취약한 권력을 물리적 공간의 권위로 대체하려 했던 '주술 의존형 권력 붕괴 모델'의 두 번째 변주, 즉 '공간적 파국'이다.

제왕이 되려던 대통령 :
조작된, 아니 조악한 권위

    광해군이 취약한 정통성을 '공간'의 문제로 해결하려다 몰락의 길을 걸었다면, 그 '공간적 파국'의 모델은 400년의 시간을 넘어 현대사에도 그 흔적을 남겼다. 대통령 집무실 이전 강행이 얼마나 깊은 비합리적 세계관에 뿌리를 두고 있으며, 결국 어떻게 국정의 혼란과 온 나라를 들끓게 한 '풍수 논란'으로 이어졌는가. 광해군 시대를 거울삼아 확인할 수 있다.

검찰 공화국 : '옥사'와 '공포 정치'의 현대적 변용

    오늘날의 공안 정국은 과거 광해군 시대의 옥사가 이름만 바꾼 채 되살아난 모습에 가깝다. 공안 정국은 정부나 집권 세력이 정치적 반대 세력을 탄압하기 위해 사회적 긴장감을 조성하고, 국가 안보에 심각한 위협이 발생한 것처럼 과장하여 여론을 조작하는 정치적 국면을 의미한다. 그 목적은 국민의 공포심을 자극하여 집권 세력에 대한 지지를 유도하고 반대 세력을 약화하는 데 있다.

이런 공안 정국 아래에서는 실제보다 과장된 간첩 사건, 반란, 사회 혼란 요소 등의 위협을 내세워 국민의 불안감을 키운다. 또한 '국가 안보'나 '사회 질서 유지'를 명분으로 야당, 비판 세력, 시민 단체 등을 억압하고 탄압한다. 이 과정에서 검찰, 경찰, 정보기관 등의 공안 기관은 정치적 목적으로 수사를 확대하고 사법권을 남용한다.

윤석열은 검찰총장 출신으로, 검찰 내에서 오랜 기간 강력한 수사를 지휘해 왔다. 윤석열 정부 출범 이후, 대통령실, 법무부, 금융감독원 등 주요 정부 부처와 공공기관의 핵심 요직에 검찰 출신 인사가 대거 기용되었다. 이는 '검찰 공화국'이라는 비판적인 시각을 낳았다. 특히 검찰 수사가 야당이나 전 정권 인사를 대상으로 집중되면서, 수사의 공정성이나 정치적 중립성에 대한 의혹과 비판이 끊이지 않고 제기되었다. 이에 따라 '수사가 곧 통치 수단'이라는 비판이 끊이지 않았다.

이러한 '수사 통치' 국면에서 그 명분을 제공하는 언어는 노골적이었다. 광해군이 잠재적 정적을 '역모'逆謀 세력으로 규정하며 숙청의 칼날을 휘둘렀듯, 윤석열 정부는 자신에게 비판적인 모든 세력을 '반국가 세력'으로 지목했다. 이 프레임은 정치적 반대파를 사회적으로 고립시키고, 전방위적인 검찰권 행사를 정당화하는 데 동원되었다.

그러나 「윤 대통령은 '반국가세력'이란 단어를 왜 이렇게 좋아할까요」라는 언론의 조롱 섞인 보도가 나올 정도로, 반대 세력에게 낙인을 찍으려던 이 시도는 프레임 구축은커녕 점차 희화화의 대상이 되었다. 이는 권위주의 시절의 낡은 언어가 더 이상 현대 시민사회에 통용되지 않음을 보여주는 장면이었다.

'검찰 공화국'이라는 비판은 단순히 검찰 출신이 많다는 인적 구성에만 국한되지 않는다. 그 본질은 권력이 수사권을 사유화하여 공포 분위기를 조성했던 과거의 통치 방식이 '현대판 옥사'처럼 되살아났다는 데 있다.

검찰 출신 인사의 요직 독점과 행정부 장악

윤석열은 살아있는 권력을 수사한다는 명분 아래 문재인 정부를 겨냥한 수많은 수사를 벌였고 이를 정치적 기반으로 삼아 대통령 자리에 올랐다. 그리고 집권하자마자 마치 전리품을 나누는 듯한 논공행상論功行賞으로, 검찰 출신 인사들이 주요 공직을 독점하는 현상이 나타났다. 검찰이

---

1. 성한용, 「윤 대통령은 "반국가세력"이란 단어를 왜 이렇게 좋아할까요」, 『한겨레』, 2024년 8월 26일 수정, 2025년 8월 5일 접속, https://www.hani.co.kr/arti/politics/politics_general/1155146.html.

검찰권을 이용해 정치적 권력을 만들어내는 정치 집단화를 넘어, 그 열매를 독식하는 이익집단화에 이른 것이다.[2]

대통령실의 공직기강비서관, 법률 비서관 등 법률 관련 핵심 직위는 물론, 한동훈 법무부 장관을 비롯한 여러 장관급 및 차관급 직위, 그리고 금융감독원장과 같은 주요 기관장 자리에도 검찰 출신 인사들이 기용되었다. 2023년 3월 기준, 윤석열 정부에는 전·현직 검사 117명을 포함해 총 136명의 검찰 출신 인사가 등용되었다.[3]

이에 건국대 법학전문대학원 교수 한상희는 윤석열 정부의 검찰 독점 인사에 대해 깊은 우려를 표했다. 대통령이 검찰 후배들만을 신뢰하여 주요 인사를 단행하면서, 다양한 행정 업무에 요구되는 포괄적인 사고방식 대신 형벌권으로 유무죄를 가리는 검사식 사고방식에 갇힐 수 있다는 지적이었다. 한상희는 이러한 편중 인사가 결국 다양한 해결책을 찾지 못하게 하고 국정 운영의 폭을 좁힐 수 있다고 경고했다.

---

2. 박용현, 「[논썰] 나라가 검찰 '전리품'인가 … '검사 독식인사' 4가지 문제점」, 『한겨레』, 2022년 6월 11일 수정, 2025년 8월 5일 접속, https://www.hani.co.kr/arti/politics/politics_general/1046577.html.
3. 김규원, 「[단독] 윤석열 정부에 검찰 출신 136명 들어갔다」, 『한겨레21』, 2023년 3월 21일 수정, 2025년 8월 5일 접속, https://h21.hani.co.kr/arti/politics/politics_general/53536.html.

'옥사'와 '수사'

윤석열 정부 들어 검찰이 진행한 주요 수사 중 상당수가 야권 인사나 전 정권 핵심 인사를 겨냥했다. 더불어민주당 대표 이재명을 둘러싼 〈대장동 개발 특혜〉, 〈성남FC 후원금〉, 〈쌍방울 그룹 대북 송금 의혹〉 등에 대한 수사가 동시다발적으로 진행되었고, 야권에서는 이를 '정치 탄압'이자 '표적 수사'라고 비판했다.

또한 문재인 정부 관련 인사들을 겨냥한 〈서해 공무원 피살 사건〉, 〈탈북 어민 강제 북송 사건〉, 〈통계 조작 의혹〉 등은, 정권 교체 후 '적폐 청산'의 명분으로 전 정부를 압박하는 수단이라는 비판을 받았다. 〈뉴스타파〉의 대통령 명예훼손 혐의 수사 등 특정 언론사나 시민단체에 대한 수사 역시, 비판적인 목소리를 잠재우려는 시도라는 지적이 이어졌다.

이러한 수사들은 수사 본연의 목적을 넘어, 정치적 반대 세력을 위축시키고 정부 비판을 억제하려는 공포 정치의 현대적 양상으로 비쳤다. '범죄 혐의'가 곧 광해군 시대의 '역모'처럼 권력자의 관점에서 '불충'으로 간주해 사법적 제재로 이어진다는 점에서, 과거의 옥사와 유사한 효과를 낳았다.

김건희 〈도이치모터스 주가 조작〉 관여 혐의, 윤석열 검사 시절 〈부산저축은행 사태〉 무마 의혹 등을 보도했던

〈뉴스타파〉는 대통령 명예훼손 혐의로 기소되었다. 〈뉴스타파〉를 비롯한 언론의 보도를 악의적인 가짜 뉴스와 여론 조작이라고 비난한 국민의힘은, 이들을 향해 쿠데타 기도, 반국가 범죄, 폐업, 사형 같은 극단적인 표현을 동원해 맹렬하게 비난했다.[4]

당시 국민의힘 대표 김기현은 다음과 같이 성토했다.

이 사건은 정·경·검·언 4자 유착에 의한 국민주권 찬탈 시도이자 민주공화국을 파괴하는 쿠데타 기도로서 사형에 처해야 할 만큼의 국가 반역죄입니다.[5]

… 치밀하게 계획된 1급 살인죄는 과실치사죄와는 천양지차로 구별되는 악질 범죄로서 극형에 처해지는 범죄입니다. … 반역 면허는 어느 누구도 가지고 있지 않습니다. 그래서 제가 사형에 처해야 될 중대한 반국가 범죄라고 강조하고 있는 것입니다.[6]

---

4. 김은형, 「윤석열 명예훼손 언론 압수수색 … 검찰이 상영 막는 '내란 예고편'」, 『한겨레』, 2025년 4월 22일 수정, 2025년 8월 5일 접속, https://www.hani.co.kr/arti/culture/culture_general/1193280.html.
5. 최윤원·이명선, 「뉴스타파, '윤석열 검찰' 불법행위 추적 폭로한다」, 『뉴스타파』, 2024년 1월 9일 수정, 2025년 9월 17일 접속, https://newstapa.org/article/m1-CH?lang=eng.
6. 「최고위원회의 주요내용 [보도자료]」, 국민의힘, 2023년 9월 11일 발행, 2025년 9월 17일 접속, https://www.peoplepowerparty.kr/news/comment_

그리고 그다음 해, 윤석열은 불법 계엄을 선포하며 쿠데타를 일으켰다. 정치권과 검찰이 〈뉴스타파〉 기자들에게 씌웠던 반국가 범죄 프레임은, 오히려 그 반대편에서 현실이 된 것이다.

누가 죄인인가?

연좌제의 부활인가

조선시대 옥사 과정에서는 피의자에게 가혹한 심문과 고문은 물론, 관련 없는 인물들까지 연루시켜 수사 범위를 확대하는 '연좌제'식 적용이 빈번했다. 이는 광범위한 공포를 유발하는 핵심 요인이었다. 윤석열 정부의 검찰 역시 방대한 수사 자료를 동원하고 장기간에 걸쳐 관련자들을 소환하는, 이른바 '먼지털이식 수사'를 진행했다.

서울중앙지검 강력부는 전 〈코마트레이드〉 대표 이준석이 이재명 당시 성남시장 관련 비리 사실을 털어놓으라는 압박에 응하지 않자, 그를 구속하고 2년 가까이 수사를 이어갔다.[7] 그리고 수사의 칼날은 전 대표 이준석 본인을 넘어 그의 어머니와 아내에게까지 향했다.

---

view/BBSDD0001/97886.

7. 이유민, 「② "가족까지 먼지털이 수사 … 수사관도 검사 만류"」, 『KBS 뉴스』, 2021년 9월 7일 발행, 2025년 8월 5일 접속, https://news.kbs.co.kr/news/pc/view/view.do?ncd=5274152.

검찰은 〈코마트레이드〉의 회사 계좌를 압수수색하며 이준석 어머니의 식당에 지급된 식대 내역을 파고들었다. 이준석의 어머니는 식당을 운영하며 〈코마트레이드〉 직원에게 점심을 공급했다. 검찰은 회사 식대를 조사하며, 식대 단가가 주변 밥집보다 1인당 1,000원가량 비싸다는 점을 문제 삼아 가족에게 부당하게 더 많은 돈을 지급했다며 이준석의 어머니를 배임으로 기소하려 했다. 이러한 수사 방식에 항의하는 그에게 "어머니까지 조사받게 하는 건 너무 불효 아니냐"라고 되물었다. 그의 아내 역시 검찰의 수사 대상이 되었다. 아내가 운영하던 회사가 〈코마트레이드〉의 사무실 임대료 중 일부를 납부했다는 이유로, 검찰은 이 역시 배임으로 기소했다. 이 과정에서 검사는 "엄마 아빠 다 구속되면 애들은 누가 보나?"라고 말했다고 전해진다.[8]

이처럼 피의자의 혐의 입증이라는 명분 아래, 가족의 안위와 자녀의 양육 문제를 언급하며 피의자를 심리적으로 압박하려는 의도가 명백히 드러났다. 이는 수사권이 피의자를 강제하고 협박하는 수단으로 전락했음을 보여준다. 법치주의 원칙에 따라 증거와 법리로 진행되어야 할 수사가, 협박과 회유의 장으로 변질된 것이다.

---

8. 같은 글.

이 과정에서 이준석의 어머니는 극심한 정신적 고통에 시달리다, 아들이 수감 중이던 2020년 1월 세상을 떠났다. 그의 아내 또한 기소되어 재판 과정에서 정신과 치료를 받을 정도로 격심한 고통을 겪어야 했다.

연좌제는 죄인의 가족과 친족 때로는 이웃이나 관계자에게까지 죄를 묻거나 처벌을 확대하는 제도다. 그러한 의미에서 윤석열 정부 검찰 수사는 연좌제의 사전적 정의에 부합한다. 따라서 이를 '먼지털이식 수사'라고 부르는 것조차, 그 반인권적 본질을 흐리는 과도한 미화일 뿐이다.

특정 사건과 관련하여 광범위한 압수수색이 이루어지면, 이는 수사 대상의 활동을 사실상 마비시킨다. 또한 수사 과정에서 피의사실이 언론에 유출되면서 여론을 특정 방향으로 유도하고 피의자의 인권은 유린당한다. 이러한 수사 방식은 '합법적'인 절차를 통해 이루어지는 것처럼 보이지만, 그 파급력과 심리적 압박감은 과거의 '옥사'와 같이 대상자뿐 아니라 주변인들에게까지 광범위한 위축 효과를 낳는다. '언제든 나도 대상이 될 수 있다'는 잠재적 공포가 확산한다는 점에서, 과거의 공포 정치와 현대의 검찰 수사는 겹쳐 보인다.

결국 이것은 통치자가 정상적인 정치 과정을 통해 권력을 유지할 자신이 없을 때, 가장 손쉬운 공포의 기술에 의존하게 되는 구조적 동질성을 보여준다. 광해군이 '역모'라는 칼을 휘둘렀다면, 현대의 권력은 '수사권'이라는 칼을 휘두른 것이다.

이태원 참사 : 행정 기능 정체와 민생 외면의 비극

광해군 시대, 역모 사건 처리라는 통치자의 맹목적 집착이 국정 전반을 마비시키고 민생을 도외시하는 비극을 낳았다. 2022년 대한민국에서 발생한 이태원 참사는, 바로 그 '행정 기능 정체'와 '민생 외면'이 현대 사회에서 어떻게 재현되는지를 보여주는 뼈아픈 사례다. 국가는 국민의 안전을 지키는 기본 책무를 다하지 못했고, 참사 이후 정부의 대응 방식은 오히려 국민적 공분을 키웠다. 이 비극은 행정 기능의 정체가 한 사회를 어디까지 무너뜨릴 수 있는지, 그 참혹한 현실을 고스란히 드러냈다.

예견된 비극, 구멍 뚫린 안전 관리

2022년 10월 29일 밤, 핼러윈 축제를 즐기기 위해 서울 이태원 좁은 골목에 수십만 인파가 몰려들었다. 이미 용산 경찰서는 사고 발생 이틀 전인 10월 27일 보도 자료를 통해 코로나19 방역 완화 후 첫 핼러윈을 맞아 "하루 약 10만 명 가까운 인원이 이태원 일대의 제한된 공간에 모일 것"이라고 예측한 바 있다. 즉, 대규모 인파 운집은 충분히 예

견된 상황이었다.[9]

    그럼에도 정부 당국은 사전 안전 관리 계획을 수립하거나 현장 통제를 강화하는 데 턱없이 미흡했다. 참사 당일 이태원에 배치된 경찰관은 총 137명으로, 이 중 마약 단속 등 범죄 수사에 투입된 인력이 50명, 공공 안전 관리 인력은 87명이었다.[10] 특히, 실제 혼잡 경비를 위한 정복 경찰은 58명에 불과했으며, 경찰 기동대는 현장에 배치되지 않았다.[11]

    참사 후, 도대체 왜 그날 경찰 인력이 부족했는가에 대한 논란이 거세게 일었다. 주요 원인으로는 용산 대통령실 이전과 그로 인한 경찰력 분산이 지목됐다. 참사 당일 서울 도심권 곳곳에서는 각종 집회와 시위가 신고되어 있었고, 경찰은 이를 주요 상황으로 분류해 총 70개 기동대, 4,200여 명을 배치했다. 특히 대통령실이 이전한 용산과 대통령 자택 앞 등 거점 근무 대상지에 14개 부대, 840여

---

9. 「(용산서) 221027_보도자료_핼러윈 데이 치안대책」, 서울용산경찰서, 2022년 10월 27일 발행, 2025년 9월 17일 접속, https://www.smpa.go.kr/user/nd70290.do?View&boardNo=00286636.
10. 강현석, 「법으로 본 이태원 참사 책임자들 ② 김광호, 경찰대 출신 청장 '패싱' … '마약수사'에만 집중」, 『뉴스타파』, 2022년 12월 5일 발행, 2025년 8월 5일 접속, https://newstapa.org/article/q_-G-.
11. 신동윤, 「참사 그 날의 경찰, 이태원보다 대통령실이중요했던 이유」, 『뉴스타파』, 2022년 11월 21일 발행, 2025년 8월 5일 접속, http://newstapa.org/article/sPgeI.

명이 분산 배치되었다.[12] 용산경찰서 관계자는 재판에서 대통령 출퇴근 및 집회·경호 관련 수요 증가로 경찰력 동원이 늘어난 사실을 증언하기도 했다.[13]

결국 민생 치안을 위한 현장 인력이 대통령 경호와 집회·시위 관리에 집중 배치되면서, 대규모 인파 운집에 대한 대비는 소홀해진 것이다.

골든 타임의 상실과 책임 회피

밤 10시 15분경, 좁은 골목길에서 압사 사고가 본격적으로 발생하기 시작했다. "밀어", "내려가" 등의 외침이 뒤섞이면서 사람들은 속수무책으로 넘어지고 겹겹이 쌓여갔다. 참사 발생 4시간 전부터 사고 직전까지 압사 위험을 경고하는 112 신고가 11건 접수되었지만, 경찰은 7건의 신고에 대해 현장 확인조차 하지 않았다. 대형 사고가 터진 뒤 119 신고가 쏟아졌음에도, 용산구청과 서울시는 재난안전법에 따른 즉각 보고 의무를 지키지 않았다.[14]

---

12. 문상현, 「이태원 참사 그날 경찰은 어디를 보고 있었나」, 『시사 IN』, 2022년 11월 16일 발행, 2025년 8월 5일 접속, https://www.sisain.co.kr/news/articleView.html?idxno=48980.
13. 홍주환, 「[이태원 참사미규명 진실] ② 대통령실 이전은 경찰 대처에 어떤 영향을 미쳤나」, 『뉴스타파』, 2024년 9월 5일 발행, 2025년 8월 5일 접속, http://newstapa.org/article/w7aDB.
14. 홍주환, 「[이태원 참사 미규명 진실] ③ 대통령실 이전은 용산구청에 어떤 영향을 미쳤나」, 『뉴스타파』, 2022년 11월 21일 발행, 2025년 8월 5일

이러한 '골든 타임'의 상실은 결국 159명이 사망하고 196명이 부상하는 참혹한 결과로 이어졌다.[15] 참사 당일, 용산경찰서장과 경비과장 등 용산서 지휘관들은 대통령실 인근 삼각지 일대에서 벌어진 〈윤석열 정권 퇴진 집회〉 통제에만 총력을 기울이고 있었다. 그러나 사건 발생 후에도 정부는, 시민의 안전을 최우선으로 해야 할 경찰 조직을 잘못된 방향과 메시지로 이끌었다는 지적에 반성하는 모습을 보이지 않았다.

참사 이후, 정부는 책임 규명과 사과보다는 특정 주체에게 책임을 전가하거나 유가족에 대한 2차 가해 논란을 유발하는 데 급급했다. 이상민 행정안전부 장관은 참사 이튿날 브리핑에서 경찰 인력 부족 가능성을 언급했다가, 이후에는 주최 측 없는 행사의 매뉴얼 부재를 거론하며 책임 회피성 발언을 반복했다.[16] 한덕수 국무총리 역시 외신기자 간담회에서 참사 원인을 '제도 미흡'으로 돌리며, 현장에 치안 인력을 투입했더라도 한계가 있었을 것이라는 입

접속, https://newstapa.org/article/4CECM.
15. 고제규, 「[종합] 이태원 참사, 156명 사망·187명 부상」, 『시사 IN』, 2022년 11월 16일 발행, 2025년 8월 5일 접속, https://www.sisain.co.kr/news/articleView.html?idxno=48879.
16. 서영지·선담은, 「행안부 장관, 이태원 참사에 "경찰 배치로해결됐을 문제 아냐"」, 『한겨레』, 2022년 10월 30일 수정, 2025년 8월 5일 접속, https://www.hani.co.kr/arti/politics/politics_general/1064866.html.

장을 밝혔다.17 여기에 일부 언론과 온라인 커뮤니티에서는 희생자를 향한 혐오 표현과 "놀러 가서 죽었다"라는 식의 비난까지 쏟아내 유가족에게 깊은 상처를 주었다.18

정부의 부실한 대응과 책임 회피, 그리고 2차 가해는 성난 민심에 기름을 부었다. 국정 책임자가 민생의 고통에 공감하고 책임지는 모습을 보이지 못했다는 비판이 들끓었다.19

광해군이 자신의 왕좌를 위협하는 '역모' 세력에만 몰두하느라 도성의 치안과 민생을 방치했듯, 현대의 권력 역시 수많은 시민의 안전을 뒷전에 두었다. 권력의 우선순위는 다른 곳에 있었다. 정권 홍보용 '마약과의 전쟁'을 위해 형사 인력이 투입되었고, 대통령실 경호와 반정부 시위 관리를 위해 기동대가 집중되었다. 그 결과, 정작 대규모 인파의 안전을 지켜야 할 질서유지 현장에는 치명적인 공백이 생기고 말았다.

---

17. 박민철, 「한 총리 "제도 미흡 … 치안 인원 투입했더라도 한계 있었을 듯"」, 『KBS 뉴스』, 2022년 11월 1일 수정, 2025년 8월 5일 접속, https://news.kbs.co.kr/news/view.do?ncd=5591557.
18. 홍주환, 「도를 넘는 '2차 가해' … 대책도 의지도 없는 정부」, 『뉴스타파』, 2023년 11월 1일 발행, 2025년 8월 5일 접속, https://newstapa.org/article/oR1R1.
19. 조윤영·서영지·배지현, 「'참사' 아니라는 행안부 … 이태원 압사에 "사고" 또 책임 회피」, 『한겨레신문』, 2022년 11월 1일 수정, 2025년 8월 5일 접속, https://www.hani.co.kr/arti/politics/politics_general/1065282.html.

권력자의 최우선 순위가 국가 전체의 안위가 아닌, 오롯이 자신의 정권 유지와 과시에 맞춰질 때, 행정 마비와 민생의 비극은 시대를 넘어 어김없이 반복된다.

용산 이전과 천공 : 현대판 풍수도참인가

광해군은 취약한 정통성을 왕기王氣라는 공간의 논리로 해결하려다 파국을 맞았다. 그 비극의 구조는 21세기 대한민국에서 놀랍도록 닮은 모습으로 재현되었다.

대통령 집무실 이전 강행은 풍수도참에 기댄 결정으로 비판을 받았다. 정책적 타당성보다 모호한 사유가 앞서면서 막대한 예산 낭비와 행정 비효율을 낳았다는 점까지도 과거의 판박이였다.

용산의 술사들

윤석열 당시 대통령 당선인은 2022년 3월 20일 기자회견을 통해 대통령실을 청와대에서 용산 국방부 청사로 이전하겠다고 전격 발표했다. 그는 "청와대는 제왕적 권력의 상징으로 절대 들어가지 않는다"[20]라고 선언하며, 급작

---

20. 이동환, 「[일문일답] 尹 당선인 "청와대, 제왕적 권력의 상징 … 절대 안 들어가"」, 『연합뉴스』, 2022년 3월 20일 발행, 2025년 8월 5일 접속, https://www.yna.co.kr/view/AKR20220320030700001.

스러운 이전 결정에 대한 논란을 스스로 키웠다. 당시 각종 여론조사에서도 집무실 이전에 대한 반대가 찬성보다 훨씬 높았지만, 당선인 윤석열은 이를 "의미 없다"라고 일축했다. '소통'을 위해 용산으로 옮긴다는 명분이 무색해지는 '불통'의 태도였다.

청와대에는 하루도 있을 수 없다는 그의 고집에는 도무지 타당한 근거를 찾기 어려웠고, 이는 자연스레 풍수적 배경에 대한 의구심을 불러일으켰다. 이재오 국민의힘 상임고문은 용산 이전을 "풍수지리설 외에 달리 해석할 방법이 없다"라며, 용산 이전이 오히려 제왕적 대통령제를 강화할 것이라고 경고했다.[21] 그리고 그의 경고는 예언이 되었다. '제왕적 대통령'이 되지 않겠다며 청와대를 나선 윤석열의 결정은, 사실 '제왕'이 되기 위한 포석이었음이 만천하에 드러난 것이다.

용산 이전 결정은 충분한 공론화나 국민적 합의 없이 단 9일 만에 내려져 '졸속 이전'이라는 비판을 받았다. 국방의 핵심 시설인 국방부 청사를 급히 비우고 리모델링하는 과정은 군사 작전의 연속성을 해치고 국방 시스템에 혼란을 초래할 것이라는 우려를 낳았다.

---

21. 손원제, 「[논썰] 풍수가 의식을 지배했나? 윤 당선자 졸속·불통에 '역풍'」, 『한겨레신문』, 2022년 3월 26일 수정, 2025년 8월 5일 접속, https://www.hani.co.kr/arti/politics/politics_general/1036349.html.

이는 광해군이 단종과 연산군이 폐위된 장소라며 창덕궁 입궁을 꺼리고, 도성의 기운이 쇠락했다는 풍수가의 주장에 따라 교하 천도를 추진했던 모습과 겹쳐 보인다. 또한 풍수설에 매몰된 광해군이 주변의 반대를 무릅쓰고 무리하게 궁궐을 영건해 국가 운영에 혼란을 일으켰던 장면과도 닮았다.

2024년 11월 8일, 더불어민주당이 공개한 녹음 파일 속 〈김건희-명태균 게이트〉의 핵심 인물 명태균의 발언은 이러한 미신적 판단에 쐐기를 박는 듯했다. 명태균은 김건희에게 "청와대로 들어가면 죽는다"라고 말했다.[22] 이 충격적인 발언은 역술인 천공이 대통령실 이전에 깊이 관여했다는 의혹과 맞물려, 정당한 절차와 민주적 소통을 거치지 않은 결정이라는 비판을 더욱 거세게 만들었다.

윤석열 부부가 용산으로 간 까닭은 무엇일까? 대통령실 이전, 그 중대한 사안에서 국민이 들었던 키워드는 역술인 천공, 풍수가 백재권, 명태균 등의 이름이었다. 이 역시 마찬가지로 기시감이 들게 한다. 이들은 이의신, 성지, 시문룡, 김일룡 등 광해군 대 술사들의 또 다른 이름인 것이다.

---

22. 김규원, 「윤석열 부부는 왜 대통령실을 용산으로 옮겼을까」, 『한겨레 21』, 2024년 11월 20일 수정, 2025년 8월 5일 접속, https://h21.hani.co.kr/arti/politics/politics_general/56381.html.

재정 낭비와 행정 비효율의 심화

대통령실은 이전 비용으로 496억 원을 제시했지만, 실제 소요된 예산은 훨씬 많았다. 국방부 청사와 합참을 이전하고, 대통령실을 리모델링하며, 외교부 청사를 임시로 사용하는 등 직접 비용 외에도 수많은 간접 비용이 발생했다.

국회예산정책처에 따르면, 대통령실은 집무실 이전에만 2022년 650억 원, 이후 2024년까지 182억 원을 더 써 총 832억 원을 쏟아부었다. 청와대 개방 예산도 2022년 96억 원에서 매년 해마다 불어나 2025년에는 417억 원에 이르렀다. 불과 65억 원이던 개방 전 예산과 비교하면 격차는 더욱 두드러진다. 결과적으로 취임 이후 2024년까지 집무실 이전과 청와대 개방으로 1,883억 원의 세금이 투입된 셈이다.[23]

이처럼 막대한 재정이 투입되었음에도, 청와대 개방으로 인한 관광객 유치 등 경제적 효과는 미미한 것으로 평가받았다. 이는 인경궁, 경덕궁 등 거대한 궁궐을 동시에 건설하며 재정을 파탄 냈던 비극처럼, 비이성적 판단이 초래한 예산 낭비라는 비판을 피하기 어렵다.

---

23. 강서구, 「尹 독단적 용산행의 부산물 : 혈세 1883억원의 '매몰' [추적+]」, 『더스쿠프』, 2025년 4월 11일 발행, 2025년 8월 5일 접속, https://www.thescoop.co.kr/news/articleView.html?idxno=305483.

대통령실 용산 이전은 예산 문제를 넘어 국정 운영의 효율성까지 약화했다. 국방부 청사를 급히 비우고 대통령실로 사용하면서 국방 기능이 분산되고, 업무 공간 협소로 차질이 발생했다. 또한, 대통령실 경호 및 보안 강화로 인해 용산 주변 지역의 교통 통제와 주민 불편이 가중되면서 이전에 대한 불만은 더 커졌다. 결국 용산 이전이 낳은 행정력의 공백과 비효율, 그 나비효과의 끝에서 이태원 참사를 떠올리지 않을 수 없다.

정책적 논거 없이 강행된 대통령실 이전은 재정을 낭비하고 행정을 혼란에 빠뜨리며, 국민 불편을 넘어 비극까지 초래했다. 이러한 악순환은 용산 이전이 광해군의 무리한 궁궐 건축과 유사한 비이성적 국정 운영이었음을 보여준다.

요컨대, '검찰 공화국'의 공포 정치, '이태원 참사'의 행정 마비, 그리고 '용산 이전'의 주술 논란은 서로 다른 사건이 아니었다. 이 흩어진 파편들을 관통하는 것은 권력의 사유화가 국가 시스템을 연쇄적으로 무너뜨리는 과정이었다.

현대적 '왕기설'과 시대적 퇴행

국가 통치는 물리적 공간을 통해 작동하며, 그 공간은

윤도(輪圖). 지관이 풍수지리를 볼 때 사용한 나침반으로, 패철(佩鐵)이라고도 불린다. 여러 겹의 동심원에 24방위와 길흉을 판단하는 정보가 새겨져 있어, 땅의 기운을 측정하고 길흉화복을 점치는 핵심 도구였다. 오늘날까지 이어지는 풍수도참 논란의 기원을 보여준다. (사진 출처 : 국립민속박물관)

단순한 배경이 아니라 정치적 정당성과 권위의 상징이 된다. 대통령의 집무실과 관저가 어디에 위치하고 어떻게 설계되는가는, 곧 정부의 형식과 성격을 시각적으로 드러낸다. 대한민국에서 오랫동안 대통령 행정의 중심 공간으로 기능해 온 청와대는, 그 역사성과 위상에도 불구하고 윤석열 정권 출범과 함께 폐쇄되었고, 새로운 정부의 중심은 용산으로 이전되었다.

겉으로는 '광화문 시대' 공약의 연장선이자 국민과의 소통을 내세웠다. 그러나 이전 결정의 실제 과정에는 정책적 타당성이나 체계적인 검토가 없었다. 그 대신, 그 뒤에는 풍수·터·기운 같은 비공식적 논리가 작동했다는 의심이 뒤따랐다.

"청와대는 막혔고, 용산은 트였다"는 말은 단순한 은유가 아니었다. '막혔다'는 표현은 지리적 불편함이나 효율성 문제를 넘어섰다. 그것은 기氣의 흐름이 단절되고 과거 지배층의 '악업'이 쌓인 '불길한 터'가 되었다는 주술적인 의미를 내포했다. 반대로 '트인 곳'이라는 용산은 새로운 지도부의 좋은 기운을 받아들일 수 있는 자리로 해석되었다. 이처럼 '기운'이라는 언어는 공간의 기능이 아니라 정권의 운세를 점치는 도구로 사용됐고, 그 속에는 무속적인 인식이 깊숙이 자리 잡고 있었다.

대통령실 이전은 단순히 행정적인 이사가 아니었다.

그것은 터의 문제를 해결하고 정권의 운을 바꾸려는 미신적인 믿음에 따라 정당화되었다. 그렇기에 광해군만큼의 치밀함과 절박함도 느껴지지 않는, 조악하고 성의 없기까지 한 윤석열식 풍수도참과 왕기설은 실소를 넘어 공분을 자아낸다.

용산 이전은 행정적 편의나 공간 효율성만으로 설명되지 않는다. 그 결정이 이루어지는 과정에서 공식 직위가 없는 인물들이 거론되었고, 그중 천공은 지속적으로 언론과 정치권의 주목을 받았다.[24] 그의 행적은 공식 경로에 남지 않았지만, 정권 내부의 방향성과 분위기를 형성하는 데 일정한 역할을 했다는 증언이 복수의 언론을 통해 확인됐다.

책임 없는 개입, 말로만 남은 흔적, 절차 없는 조율 — 천공은 전형적인 비선의 역할을 했으며, 그 결과 도참은 예언이 아닌 설계가 되었고, 풍수는 해석이 아닌 지시가 되었다.

결국 이 모든 현상은 제왕을 만들려던 '조작된', 아니 그 흉내를 내려던 '조악한' 권력이 어떻게 파국으로 치달았는지를 보여준다.

---

24. 김서원·이찬규, 「천공·건진·명도사 이어 노보살 … 용산 뒤집은 '무속 비선' 리스크」, 『중앙일보』, 2024년 12월 21일 발행, 2025년 8월 5일 접속, https://www.joongang.co.kr/article/25301768.

민주적 절차를 통해 권위를 세울 역량이 없으니, 검찰을 사적인 칼로 삼아 공포를 심는 '현대판 옥사'를 자행한다. 국가의 미래를 체계적으로 설계할 비전이 없으니, 천공의 예언과 '용산 이전' 같은 주술적 행위에 매달린다. 그리고 국민의 안전과 생명을 지켜야 할 책무를 감당하지 못하니, '이태원 참사'와 같은 사회적 비극을 방치하고 만다.

이들은 흩어진 사건이 아니라, 시대착오적 망상 아래 폭력과 주술, 그리고 무책임으로 국가를 퇴행시킨 거대한 실패의 기록이다.

역사를 평가할 때, 흔히 현대적 시각으로 전근대의 대상을 함부로 재단해서는 안 된다는 원칙을 강조한다. 다시 말해, 조선시대의 사건이나 사회상을 현대인의 잣대로, 일방적으로 논하는 것은 온당치 않다는 것이다.

그러나 오늘날 대한민국에서는 역설적으로, 전근대 조선시대의 잣대로 현대 민주공화국에서 벌어지는 일들을 평가하게 되는 기이한 상황이 펼쳐지고 있다. 이는 심각한 퇴행이자, 수백 년 전 왕정 사회와 21세기 민주 사회 사이의 본질적 차이가 희미해졌음을 시사한다. 더 나아가, 역사 책에서나 보던 사건을 오늘의 현실과 나란히 두고 논해야 한다는 사실 자체가, 씁쓸한 아이러니가 아닐 수 없다.

무능의 왕, 고종 : 비선 정치

 격동의 근대화 파도 앞에서 새 시대를 열어야 했던 고종 시대. 그러나 역설적으로, 이때는 전근대적인 신념이 권력의 중심부에 가장 깊이 영향을 미쳤던 시기이기도 했다.

 물론 한국 정치사에서 무속은 뿌리 깊은 나무처럼 질기게 이어져 온 현상이었다. 하지만 근대 국가로의 전환이라는 거대한 과제 앞에서 다시 불거진 무속과 비선 논란은, 위기에 처한 권력이 어떻게 사적 신앙에 기댔는지를 똑똑히 보여준다.

 변화의 필요성을 절감하면서도 낡은 관습의 그림자에서 벗어나지 못했던 시대. 국정의 중심에 섰던 흥선대원군과 명성황후는 각자의 야망을 실현하고 불안을 해소하기 위해 어떻게 초월적인 힘에 의지했을까? 그리고 그것은 나라의 운명에 어떤 영향을 미쳤을까?

 이 두 축이 벌인 치열한 권력 다툼 속에서 도참과 주술은 더 이상 개인의 믿음이 아니었다. 그것은 국정의 향방을 결정하는 중요한 변수였다.

흥선대원군 : 도참을 이용한 정당성 구축

왕권 강화를 위한 칼날, 개혁

1863년, 12세의 어린 고종이 즉위하자 아버지 흥선대원군이 섭정을 시작했다. 대원군은 10년간 집권하며 무엇보다 왕권의 회복과 강화를 최우선 과제로 삼았다.

그의 칼끝은 먼저 60년간 나라를 좌지우지한 안동 김씨 세도를 겨눴다. 그는 붕당 정치의 폐해를 끊어내기 위해, 세도정치의 심장이었던 비변사의 권한을 대폭 축소했다. 그리고 그 자리에 본래 국가의 중추 기관인 의정부와 삼군부를 복원시켜, 왕권을 중심으로 한 통치 질서를 다시 세웠다. 나아가 서원을 대폭 철폐하고 호포제를 실시해 양반 유생들의 특권을 걷어냈고, 국가의 재정과 힘을 오직 왕에게 집중시키는 강력한 개혁을 밀어붙였다.

이러한 개혁의 정점에는 경복궁 중건이 있었다. 임진왜란으로 폐허가 된 법궁法宮을 다시 일으켜 세워, 실추된 왕실의 권위를 눈에 보이는 상징으로 되살리고자 했다.

하늘의 뜻, 땅속에서 캐내다

1865년 고종 2년(을축년) 3월, 의정부議政府 건물을 수

경회루 연못 출토 청동용. 1865년 흥선대원군이 경복궁을 중건할 때 제작된 청동 오조룡(伍爪龍)으로, 1867년 경회루 연못에 가라앉혀 화재를 막고 궁궐의 안녕을 기원한 주술적 장치였다. 『경복궁 영건일기』에 그 기록이 전해지며, 1997년 준설 작업 중 발굴되었다. 권력의 정당성을 도참과 신앙에 기대려 했던 당시 정치의 단면을 보여준다. (사진 출처 : 국립고궁박물관)

리하던 중 섬돌 아래에서 기이한 돌 하나가 발견되었다. 거기에는 마치 미래를 내다보고 적어둔 듯한 글귀가 새겨져 있었다.[1]

> 경복궁을 다시 짓고 왕의 자리를 그곳으로 옮기면, 성스러운 자손이 왕위를 이어받아 나라의 운명이 다시 이어지고, 백성들은 풍요롭고, 번성하게 될 것이다. … 을축년 3월에 의정부를 수리할 때 이 돌이 드러날 것이니, 혹여 보고도 알리지 않으면 나라의 역적이다.

이 '예언'은 완벽한 명분이 되었다. 마치 짜 놓은 각본처럼, 바로 다음 달 대원군은 경복궁 중건을 공식 선포했고, 공사를 위한 영건도감營建都監이 설치되었다.

'하늘의 계시'는 여기서 멈추지 않았다. 한 달 뒤, 이번에는 경회루 연못을 파던 중 연못 바닥 진흙에서 또 다른 예언이 새겨진 옥돌이 발견되었다.[2]

> 하늘이 낳은 성군이 옛 궁궐을 다시 세우고,
> 화재를 막으려 관악산 봉우리에 우물을 파며,

---

1. 배우성 외, 『국역 경복궁영건일기 1』, 서울역사편찬원, 2019.
2. 『영건일기』 권1, 1865년 5월 25일.

돌로 만든 개로 동쪽 산의 흉한 기운을 누르니,
삼각산에 봉황이 춤추고 나라의 운명이 영원하리라.

땅속에서 갑자기 나타난 돌멩이든, 진흙에서 건져 올린 옥돌이든, 이 모든 것은 하나의 목표를 향한 치밀한 정치적 연출이었다. 거대한 토목공사에 대한 반대 여론을 잠재우고, 백성에게 돌아갈 고통을 천명^{天命}으로 포장하려는 장치였다. 도참은 그렇게, 대원군의 거대한 기획에 신성한 날개를 달아주었다.

백성의 고통으로 쌓아 올린 궁궐

하지만 경복궁 중건은 막대한 비용이 소요되는 대규모 토목공사였고, 이를 충당하기 위해 여러 가지 방법이 동원되었다.

대원군은 처음에 자신의 사재를 내놓으며 백성들의 호응을 유도했으나, 곧 원납전^{願納錢}의 명목으로 백성들의 노동력과 재산을 징발했다. 원납전은 '원해서 낸 돈'이라는 뜻이었지만, 실제로는 반강제적인 기부금의 성격이 강했다. 공식 기록에는 백성들이 자발적으로 공사에 참여하기 위해 몰려들었다고 기록되었지만, 실상은 달랐다. 지방의 인력은 강제로 징발되었으며, 상인과 양반 가릴 것 없이 원납전 납부를 강요당했다. 납부를 거부하거나 망설이는 이들에게는 변방으로 귀양을 보내겠다는 경고까지 내렸다.

재정난을 타개하기 위해 고종 3년(1866)에는 기존 화폐보다 명목 가치가 100배나 높은 당백전當百錢을 발행했다. 이로 인해 화폐 가치는 폭락하고 물가는 하늘 높은 줄 모르고 치솟았다. 극심한 인플레이션으로 경제 전반에 큰 혼란이 발생하자 당백전은 발행 2년 만에 유통이 금지되었다. 그러나 망가진 민생 경제의 피해는 고스란히 백성들의 몫이 되었다.

상징의 정치 : 방향마저 바꾸다

경복궁 중건 과정에서 궁궐 방향, 즉 좌향坐向을 둘러싼 논의도 중요한 쟁점이었다. 전통적으로 궁궐은 하늘의 질서와 조화를 이루기 위해 자좌子坐(정북쪽)를 향해야 한다는 인식이 강했다. 유교적 왕도 정치의 상징으로서, 군주가 북극성을 향해 자리하고 남쪽을 바라보며 백성을 다스리는 구조가 이상적 형태로 여겨졌기 때문이다. 이러한 관념은 도참과도 맞물려, 궁궐이 천문의 중심과 일치해야 국운이 바로 선다는 믿음으로 연결되었다.

대원군은 창건 당시의 경복궁을 복원하여 중건된 경복궁 역시 자좌로 세웠다고 공표했다. 하지만 이는 사실이 아니었다. 경복궁의 실제 방향은 정북에서 약간 서쪽으로 기울어진 임좌壬坐(북서쪽)에 가까웠다. 창건 당시의 경복

경복궁 근정전 전경. 조선의 정궁(正宮) 경복궁 근정전과 그 뒤로 솟은 북악산의 모습이다. 일제강점기에 촬영된 사진으로, 산을 등지고 물을 바라보는 배산임수(背山臨水)의 전형적 입지를 잘 드러낸다. (사진 출처 : 국립중앙박물관)

궁 역시 실제로는 자좌가 아니었다. 그럼에도 불구하고 대원군은 이전의 경복궁도, 중건된 경복궁도 모두 공식적으로 자좌라고 발표했다. 대원군에게 실제 방위의 정확성은 중요하지 않았다. 정작 대원군에게 중요한 것은 정확한 실제 방위가 아닌, '정북正北을 향한다'는 상징이 주는 정치적 정당성이었던 것이다.[3]

경복궁 중건 공사 결과, 도심은 경복궁을 중심으로 재편되었고, 훈련도감과 금위영 같은 핵심 군사 시설들이 궁 주변으로 자리를 옮겼다. 경복궁 중건은 단지 건물 하나를 다시 짓는 데 그치지 않았다. 경복궁을 정점으로 도성 안의 정치, 행정, 군사 기구를 잇는 새로운 권력 지도를 그리는 작업이었다. 궁궐 공사는 이런 대원군의 정치적 의도를 공간적으로 구현한 것이었다.[4]

결국 흥선대원군에게 경복궁 중건은 단순한 궁궐 복원 사업이 아니었다. 그는 이 대규모 국책 사업을 통해 왕실의 권위를 회복하고 종친에게 예산과 인력을 배분하며 자신의 정치적 기반을 다지고자 했다. 그는 조선 건국의 상징인 경복궁을 다시 세워 '왕조를 새로 시작한다'는 강력한 메시지를 던졌다. 나아가 아들 고종을 '나라를 다시 세

---

[3]. 배우성, 「경복궁 중건과 대원군의 정치 —『경복궁영건일기』를 중심으로」, 『서울과 역사』 103, 2019, 7~51쪽.
[4]. 같은 글.

운 군주'로 포장하는 작업이기도 했다. 대원군은 이를 통해 섭정으로 장악한 자신의 권력을 제도화하고 시각화했다. 이 모든 것은 결국 그의 섭정에 절대적인 정당성을 부여하기 위한 거대한 정치적 기획이었다.[5]

이 과정에서 그는 타당한 근거나 나라의 재정 상태보다는, 도참과 천명론을 적극적으로 끌어들였다. 땅속에서 '예언'을 캐내고 궁궐의 방향을 조작하면서, 백성들의 동의를 유도하고 자신의 정책에 신성한 권위를 덧씌우려 했다.

흥선대원군의 실각失脚과 고종의 친정親政

흥선대원군은 10년간 막강한 권세를 누렸다. 그러나 성인이 된 고종은 점차 직접 정치를 하고자 하는 의지를 드러내기 시작했다.

부자父子 간 갈등의 기폭제는 유학자 최익현이 올린 상소였다. 고종의 측근인 그는 흥선대원군의 당백전 발행, 경복궁 중건 등을 거론하며 "나랏돈을 탕진하고 백성을 괴롭혔다"고 대원군의 실정을 정면으로 비판했다.

흥선대원군은 즉각 최익현을 처벌하려 했지만, 고종은 오히려 그를 감싸며 아버지에게 노골적으로 반기를 들었다. 흥선대원군이 이번에는 대신들을 동원해 최익현을 처

---

5. 같은 글.

벌하라는 상소를 올리며 압박하자, 고종은 그에 동조한 신하들을 파직시키며 최익현을 보호했다.

이처럼 고종이 아버지의 권위에 정면으로 맞서기 시작하자, 대원군의 정치적 입지는 급격히 흔들렸다. 1873년, 마침내 고종은 친정親政을 선언했고, 흥선대원군은 정치 일선에서 물러나야 했다.

명성황후 : 무속, 정권 유지와 국정 농단의 수단

총체적 위기의 서막

19세기 후반, 조선은 서구 열강의 제국주의적 팽창과 일본의 침략적 야심에 직면하며 격변의 시기를 맞이하였다. 안으로는 세도정치와 봉건 체제의 모순이 깊어지고 탐관오리의 수탈로 곳곳에서 민란이 일어났으며, 밖으로는 개항 요구가 거세지며 나라의 주권마저 위협받고 있었다. 1860년대에는 병인양요와 신미양요 등을 통해 서구 열강의 무력 시도가 이어졌고, 1870년대에는 운요호 사건을 빌미로 일본과 불평등한 〈강화도 조약〉을 체결하기에 이르렀다. 이처럼 조선은 점차 외세의 영향권 아래로 깊이 빠져들고 있었다.

이러한 총체적인 국가적 위기는 왕실의 안위와 왕권 유지에 대한 절박함으로 이어졌다.

1873년 흥선대원군이 실각하고 고종의 친정親政이 시작되었지만, 정치적 기반이 미약했던 탓에 조정의 실권은 이내 명성황후와 그녀의 친정인 여흥 민씨 일가에게 넘어갔다. 명성황후는 흥선대원군과의 치열한 세력 다툼 속에서 민씨 척족을 앞세워 조정을 장악했고, 이들은 요직을 독점하며 새로운 세도 가문으로 자리 잡았다.

왕실의 권력 다툼

흥선대원군은 고종의 왕위가 외척 세력에 의해 흔들릴 것을 우려하여, 유력 가문이 아닌 여흥 민씨 집안에서 며느리를 들였다. 하지만 이는 의도와 다른 결과를 낳았다. 성년이 된 고종이 정치를 시작하면서, 자신의 왕권을 강화하기 위해 선택한 세력은 왕비와 그녀의 친정 가문이었다. 고종이 명성황후의 친정인 민씨 일가를 조정의 요직에 앉히면서 이들은 새로운 집권층이 되었다. 그리고 그 중심에는 명성황후가 있었다.

고종은 조정에 남아있던 대원군의 세력을 밀어내고 왕권을 중심으로 하는 친위 체제를 구축하려 했다. 그러나 이러한 고종의 시도는 순탄치 않았다.

1875년, 민씨 세력의 핵심이던 명성황후의 양오빠 민승호가 자택에서 의문의 폭탄 테러로 사망했다. 이 사건으로 민승호의 아들과 어머니 등 일가족이 목숨을 잃었다. 당시 한양에는 이 사건의 배후에 흥선대원군이 있다는 소문이 파다했고, 민승호가 죽기 직전 대원군의 거처인 운현궁을 가리켰다는 이야기가 전해지며 의혹은 더 커졌다. 친정 세력을 잃은 명성황후가 대원군에게 이를 갈았으나 사건은 미제로 남았다.6

이후 대원군의 지지 세력은 효孝를 명분으로 대원군을 다시 한양으로 모셔야 한다는 상소를 올리기 시작했다. 그러나 고종은 대원군 측이 지지 세력을 동원해 압박해 오자, "남을 이간질하고 민심을 현혹하는 짓"이라며 강한 불쾌감을 드러냈다. 그는 오히려 상소를 주도한 세력들을 강경하게 처벌했다. 동시에 고종은 대원군의 쇄국 정책에서 벗어나 통리기무아문統理機務衙門을 설치하고 별기군을 양성하는 등 개화 정책을 추진하며 대원군의 그림자를 지우려 했다.

하지만 권력 다툼과 갈등으로 인한 사건들은 끊이지 않았다. 1881년, 대원군의 서자이자 고종의 이복형인 이재선을 왕으로 추대하려 했다는 역모 사건이 터졌다. 비록 대원군이 직접 연루되었다는 증거는 없었지만, 이 사건으로 이재선은 유배 후 사사되고, 대원군 측근 세력들은 처형당하며 고종과 대원군 사이의 갈등은 더욱 깊어졌다. 이 사건은 명성황후가 조작했다는 설도 제기되었지만, 조

---

6. 황현, 국역 『梅泉野錄』 제1권 上, 「민승호의 변사」.

정 안팎은 흥선대원군을 배후로 지목하며 술렁였다. 흥선대원군은 그저 눈을 부릅뜬 채 침묵할 뿐이었다.[7]

내조內助가 아닌 내치內治, 고종 뒤의 실질적 권력자

명성황후가 남긴 146통의 한글 편지는 대부분 그녀가 인사 문제와 매관매직 등 국정 전반에 관여한 내용이었다. 이는 단순한 조언이나 의견 개진을 넘어, 왕비가 정무의 중심에서 직접 청탁을 받고 직책을 결정한 정황을 보여준다.

명성황후는 홍문관·육조 같은 중앙의 핵심 관직은 물론, 군수, 현감 등 지방관직, 심지어 역관과 무과직에 이르기까지 사실상 인사 권한 전 분야에 영향력을 행사했다. 편지에는 "김철희는 나주 목사로 하라 하여라"와 같이 구체적인 지시가 담겨 있어, 명성황후가 최종 결정에 깊숙이 관여했음을 알 수 있다.[8]

명성황후의 인사 개입에는 언제나 금전적 이익이 따랐다. 민씨 척족이 청탁과 함께 뇌물을 전달하면, 명성황후가 이를 고종과 의논하여 관직을 결정하는 식이었다. 편지

---

7. 황현, 국역 『梅泉野錄』 제1권 上, 「李載先의 옥사」.
8. 장영숙, 「명성황후의 국정 개입 실태와 권력 행사 방식 연구 : 황후의 편지를 중심으로」, 『한국근현대사연구』 제110집, 한국근현대사학회, 2024, 54쪽.

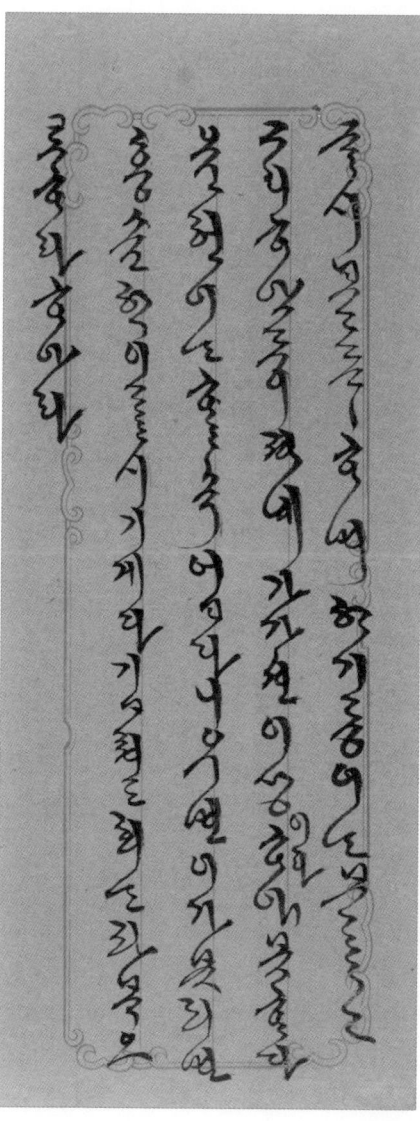

명성황후 한글 편지. "김철희는 나주 목사로 하라"는 지시가 담겨 있다. 왕비의 인사 개입을 통해 국정이 사적 관계와 매관매직으로 얽혀 있음을 보여주는 사료다. (사진 출처 : 국립고궁박물관)

에는 뇌물을 뜻하는 은어인 '와료'가 빈번하게 등장할 만큼 뇌물 수수는 일상적이었다. 흥미롭게도 황후는 이것이 잘못임을 인지하고는 있었다. 그녀는 편지에서 "염치가 없어 못 받겠으니 … 보내어라"라거나 "어이하여 이처럼 많이 하였느냐 불안하다"라며 주위 시선을 의식하는 모습을 보이기도 했다.[9]

이러한 영향력 행사는 고종의 동의와 암묵적 동조하에 이루어졌다. 이는 권력의 부재가 아닌, 부부라는 특수 관계를 이용한 권한 행사 방식이었다. 상명대 교수 장영숙은 이처럼 뇌물을 매개로 서로의 부정을 용인하며 권력을 공유해 나간 두 사람을 '운명 공동체적 관계'로 규정했다.[10] 즉, 명성황후는 고종을 방패막이 삼아 인사권을 전횡했을 뿐만 아니라, 국정 운영 전반을 좌우하고 있었다.

심지어 명성황후는 고종이 관료들의 상소를 검토하기도 전에 상소문을 미리 받아보고 판단을 내렸다. 그녀는 국정 전반에 깊숙이 관여했다. 종묘 제례의 담당자를 정하는 세세한 일부터 새로 만드는 화폐 모양을 지시하는 경제 문제, 나아가 동학농민군 진압을 위한 병력 배치와 같은 군사 문제에 이르기까지 그 영향력이 미치지 않는 곳이 없

---

9. 같은 글, 55쪽.
10. 같은 글, 56쪽.

었다.[11]

이는 단순한 영향력을 넘어, 형식적으로는 왕의 승인 아래 이루어졌으나 실질적으로는 명성황후가 행정 권한을 직접 행사한 것이었다. 이 시점에서 조선의 국정 운영 체계는 더 이상 법과 제도로 작동하는 공적 시스템이 아니었다. 그것은 왕비와 그 친족이라는 지극히 사적인 관계가 모든 공적 절차를 압도하고 국가 자원을 사유화하는 '가족 기업'에 가까웠다.

흥선대원군과의 권력 투쟁에서 명성황후는 대원군의 동향을 지속적으로 감시하고 견제했다. 편지에서 그녀는 대원군을 '이모'李某 등으로 지칭하며 노골적인 적대감과 경계심을 드러냈다. 명성황후가 대원군의 동향에 촉각을 곤두세운 것은 그가 자신의 세력을 위협하는 가장 강력한 경쟁자였기 때문이었다. 두 사람은 정치적 주도권을 두고 직접적으로 대립하는 알력 관계의 당사자였으며, 당대의 정치적 갈등이 고종과 대원군의 부자 갈등이 아니라, 명성황후와 대원군 사이의 권력 투쟁이었음을 알 수 있다. 이러한 왕실 내부의 정쟁과 그로 인한 국정 혼란은 외세의 침략이 본격화하던 당시의 위기를 더 악화시키는 요인으로 작용했다.

---

11. 같은 글.

권력자의 부패와 피폐한 백성의 삶

대원군을 몰아내고 고종과 명성황후가 주도하는 정국에서, 황현은 『매천야록』을 통해 당시 세태를 비판했다. 1874년 원자元子가 태어난 이후 궁중에서는 복을 비는 기도와 제사가 끊임없이 벌어졌고, 팔도 각지의 명산을 돌며 기도를 이어갔다. 임금은 유람과 잔치에 빠졌고, 왕과 왕비가 내린 포상은 셀 수가 없었다. 그들은 하루에 천금씩 썼으며, 내수사의 재정으로는 도저히 감당할 수 없게 되자 결국 호조와 선혜청의 공금까지 전용했다. 고종의 친정이 시작된 지 1년도 되지 않아, 대원군이 10년간 축적한 국고를 탕진했다. 결국 이때부터 벼슬과 과거 급제를 공공연히 돈으로 사고파는 등 온갖 폐단이 잇따라 생겨났다고 황현은 기록했다.[12]

『매천야록』과 명성황후의 친필 서신에는 명성황후의 매관매직에 대한 구체적인 기록이 전해진다. 특히 사치와 유흥, 점술과 굿에 드는 막대한 비용을 감당할 수 없게 되자, 명성황후는 1875년경부터 수령직을 팔기 시작했다.

그녀는 측근 민규호에게 전국의 수령직 값을 매겨 올리라 명했다. 민규호는 백성과 가까운 고을의 수령직만이라도 매관매직을 막고 싶었다. 그래서 아무도 지원하지 못

---

12. 황현, 국역 『梅泉野錄』 제1권 上, 「고종, 민비의 遊宴과 매관매직의 발단」.

하게 할 속셈으로, 1만 냥짜리 봉직 자리를 일부러 2만 냥으로 높여 보고했다. 그러나 그의 의도와는 달리, 오히려 더 많은 이들이 앞다퉈 몰려들었다. 그렇게 임명된 수령들은 부임하여 그 비용을 회수하고자 백성을 가혹하게 수탈했다. 이로 인해 백성들의 삶은 더욱 곤궁해졌다.[13]

벼슬 매매는 수령직에 그치지 않았다. 1877년 봄, 정시庭試 문과가 열렸는데, 고위 관료 남정익은 10만 냥을 헌납하고 그의 아들 남규희가 장원급제를 했다. 이에 박영효가 고종에게 다음과 같이 고했다.

> 도성 안 쌀값이 치솟아 옥처럼 귀해졌고, 백성들은 굶주려 뼈가 앙상한데, 과거를 치르겠다고 사방에서 사람을 불러 모아 뇌물은 물론, 과거 자체를 판다는 소문까지 무성합니다. 젊은 선비들이 원망을 삼키며 수군거리고 있으니, 누가 전하께 아뢰어 이런 일을 꾸몄는지 묻지 않을 수 없습니다.[14]

누구였을까? 이후 고종과 명성황후는 권력이 다할 때까지 매관매과賣官賣科를 공공연히 행했다.

---

13. 황현, 국역『梅泉野錄』제1권 上, 「명성왕후의 수령직 매매」.
14. 황현, 국역『梅泉野錄』제1권 上, 「과거매매」.

세자를 위한 기복, 대원군을 향한 저주

명성황후는 세자의 안녕을 기원한다는 명분으로 전례 없는 규모의 기도와 제사를 벌였고, 그로 인해 막대한 국고가 낭비되었다. 그녀는 온 나라의 명산과 사찰을 두루 돌며 기도를 올렸는데, 금강산 일만 이천 봉우리마다 세자를 위한 기도로 들인 비용이 일만 냥에 달한다는 말이 나올 정도였다.[15] 이러한 과도한 기복 행사는 피폐해진 국가 재정에 심각한 부담을 더 했고, 그 피해는 고스란히 백성의 몫으로 돌아갔다. 승려와 비구니들은 이런 기회를 틈타 궁궐과 민간을 자유롭게 드나들었고, 그들이 머무는 암자 가운데 조금이라도 이름이 알려진 곳이면 예외 없이 기도당을 세웠다.

이러한 무속인들의 무분별한 활동은 사회적 혼란을 부추겼다. 이 과정에서 백성들이 의도치 않게 승려들과 마찰을 빚어 형벌을 받거나, 관련 소동에 휘말려 집안이 망하는 일이 속출했다. 결국 왕실의 맹목적인 기복 신앙은 행정권 남용과 민간 착취로 이어졌고, 이는 지역 사회의 안정을 무너뜨렸을 뿐만 아니라 민생마저 파탄 내는 구조적인 병폐가 되었다.

더 나아가, 명성황후의 신앙 행위는 대원군과의 치열

---

15. 황현, 국역 『梅泉野錄』 제1권 上, 「세자를 위한 名山기도」.

한 권력 투쟁 속에서 정치적 도구로까지 악용되기도 했다. 대원군을 저주하는 굿을 벌인 사건이 대표적이다. 맹인 무당이 궁궐 안에서 명성황후의 명을 받아 나무 인형을 만들어 대원군을 저주하는 굿을 벌였다. 이 일이 발각되자 흥선대원군은 사람을 보내 그를 붙잡아 처형하였다.[16] 이는 왕실 내부의 권력 다툼에 비이성적인 수단까지 동원하게 되었으며, 주술적 믿음이 국정 농단의 수단이자 정쟁의 무기로까지 활용되었음을 보여주는 사건이었다.

결론적으로, 명성황후의 무속 의존은 19세기 말 조선 사회의 혼란과 부패를 가중하는 주요 원인 중 하나였다. 세자의 안녕이라는 명분 뒤에 숨겨진 재정 낭비, 관련 인물들의 민폐, 그리고 정치적 반대 세력을 제거하기 위한 흑주술까지, 이러한 행위는 개인의 신앙을 넘어 국정을 어지럽게 하고 백성을 도탄에 빠뜨리는 지경에 이르고 말았다.

도망가는 왕비

명성황후와 집권 세력은 공공연히 부정부패와 매관매직을 자행하여 국가 재정을 파탄 냈고, 백성들의 원성을 샀으며, 이는 결국 임오군란과 같은 대규모 민란의 직접적인 배경이 되었다.

---

16. 황현, 국역 『梅泉野錄』 제1권 上, 「대원군에 대한 저주기도」.

1882년, 구식 군인에 대한 차별 대우는 누적된 불만의 도화선이 되었다. 13개월 치 급료가 밀린 구식 군인들이 마침내 받은 한 달 치 쌀에 겨와 모래가 섞여 있자, 이들의 분노는 폭발하여 임오군란으로 번졌다. 군인들의 공격 목표는 부패한 민씨 척족이었고, 그 중심에는 명성황후가 있었다. 그녀를 잡으러 몰려든 성난 군병들은 궁궐을 습격했고, 신변에 위협을 느낀 황후는 무예별감의 등에 업혀 도주해야 했다.[17]

불안한 피난길과 무당 진령군의 등장

궁궐을 탈출한 후에 이어진 50여 일간, 황후의 피난 생활은 참담한 불안과 고초의 연속이었다. 『임오유월일기』壬午六月日記에 따르면, 황후는 서울 벽동의 민응식 집을 시작으로 광주, 여주, 충주 일대를 오가며 민씨 척족 및 이들과 가까운 인물들의 집을 이곳저곳 전전했다. 피난처는 자주 바뀌어 한 집에서 하루이틀, 길어야 열흘 정도밖에 머물지 못했다. 이동할 때는 허름한 가마를 이용했고, 때로는 벽장 속에 몸을 숨겨야 할 만큼 민심은 흉흉했다.

황후는 피난길에서 자신을 향한 민심의 적나라한 실체

---

17. 장영숙, 「『임오유월일기』를 통해 본 명성황후의 피난생활과 황후 호칭 再考」, 『역사와 담론』 107호, 2023, 183~212쪽.

와 마주해야 했다. 한강을 건널 때는 뱃사공에게 의심을 샀고 재빨리 금가락지를 던져주고서야 겨우 강을 건널 수 있었다. 또한 피난 중 만난 한 노파가 명성황후 일행 앞에서 "음란한 중전 때문에 난리가 났다"라고 공공연히 비난하는 푸념을 면전에서 들어야만 했다. 이는 황후가 더 이상 국모가 아닌, 백성의 원망과 분노의 대상임을 확인시켜주는 사례였다.

낯선 환경과 정신적 압박은 명성황후의 건강을 크게 위협했다. 피난 중 그녀는 인후 증세, 더윗병, 다리 부스럼과 종기 등 여러 질병에 시달렸으며, 급기야 학질(말라리아)에까지 걸렸다. 평소에도 신경이 예민하고 잔병치레가 잦았던 황후에게 피난 생활은 신체적 질병뿐만 아니라 궁궐에 대한 걱정, 신변 위협 등의 극심한 스트레스를 동반했다.

이렇게 정치적, 신체적으로 불안과 절망 속에서 황후는 초월적 존재에 더 의지하기 시작했다. 불확실한 미래에 대한 막막함을 견디지 못한 황후는 민응식을 통해 근처의 용한 점쟁이를 수소문했고, 이는 무속에 깊이 빠져드는 결정적 계기가 되었다. 정치적 위기를 주술적 방식을 통해 타개하려 했던 것이다. 장영숙은 황후가 궁궐에 대한 걱정, 피난으로 인한 극도의 스트레스와 질병, 시골 생활의 무료함 등이 겹치면서 무속에 쉽게 의지하게 되었을 것으

로 분석했다.[18]

절망에 빠진 황후에게는 미래에 대한 한 줄기 희망이 절실했을 테고, 바로 이때 등장한 인물이 바로 무당 진령군眞靈君이었다. 황후가 만난 여러 무당 중에서도 진령군은 황후의 취약한 심리를 정확히 파고들었다. 자신을 '관우의 딸'이라 칭한 그녀는 황후가 가장 듣고 싶어 했던 말, 즉 환궁할 날짜를 예언하며 황후의 믿음을 얻었다. 그녀는 모월 모일에 반드시 궁궐로 돌아갈 수 있다고 장담했고, 운명인지 우연인지 이 예언은 실현되었다.

황후는 이를 계기로 그녀의 영험함을 전적으로 신봉하게 되었다. 황후는 그녀의 말이라면 무조건 따랐으며, 이는 단순한 심리적 위안을 넘어섰다. 환궁 후 황후는 궁궐 동북쪽에 사당 북관왕묘北關王廟를 지어주고 그녀에게 진령군이라는 군호君號를 내렸다.[19] 피난길의 절망 속에서 만난 한 무당이 황후의 절대적인 총애를 받는 정치적 실세로 변모하는 순간이었다. 결국 임오군란의 피난 과정에서 겪은 극도의 불안과 공포는 명성황후가 무속에 깊이 의존하게 된 심리적 배경이 되었고, 진령군은 바로 그 약한 고리를 파고들어 권력의 중심부로 진입했다.

---

18. 같은 글.
19. 김택영, 『소호당문집』 제10권, 「안효제전」, 한국고전종합 DB.

서울 종로 북묘(北廟) 본당. 임오군란 뒤, 고종과 명성황후가 꿈속에서 관우를 보았다는 계기로 건립된 사당이다. 국가적 위기를 무속적 신앙으로 극복하려 한 왕실의 태도를 상징한다. (사진 출처 : 국립중앙박물관)

피난지에서 싹튼 개인적인 믿음이 공적 체계를 파고드는, 즉 '주술의 제도화'가 이루어진 것이다. 이는 공公과 사私의 경계가 무너지고 합리적 통치 체계가 비합리적인 주술에 의해 잠식당하기 시작했음을 보여준다. 이로써 진령군은 단순한 조언자를 넘어 조정의 인사와 정사에 막대한 영향을 미치는 인물이 되었다. 이는 이후 왕실이 과도한 불사佛事와 굿에 매달려 국고를 낭비하고, 나아가 국정을 농단하게 되는 기폭제가 되었다.

월권越權과 무속 비선秘線의 '콜라보'

비선 실세의 국정 개입

명성황후가 1882년 임오군란의 피난길에서 무당 진령군과 맺은 사적인 인연은, 환궁 이후 공적 체계를 무너뜨리는 기형적 정치 관계로 변질되었다. 그녀는 궁궐을 자유롭게 출입하며 조정의 '비선 실세'로 자리 잡았고, 황후는 나라의 크고 작은 사건이 있을 때마다 그녀의 점괘에 기댔다. 황후가 병을 앓을 때 진령군이 아픈 부위를 만지면 증세가 사라졌다는 기록이 있을 정도로, 황후의 진령군에 대한 의존은 맹목적이었다.

이러한 전폭적인 신임은 곧바로 국정 개입과 기강 문란으로 이어졌다. 가장 심각한 것은 인사권의 농단이었다. 사간원 감찰관이었던 안효제는 상소를 통해, 진령군이 사리사욕에 눈먼 사대부들과 결탁하여 지방 수령부터 관찰사에 이르는 고위직까지 좌우하고 있다고 고발했다.[20] 지방의 한미한 가문 출신 이유인의 사례는 이를 뒷받침한다. 그는 진령군과의 사사로운 관계에 힘입어 파주목사가 되었고, 이를 발판 삼아 경상북도 관찰사와 경무사 같은 고위 관직까지 꿰찼다. 당시 사람들은 이를 두고 "무당의 주술과 점을 밑천 삼아 10년도 채 안 되어 정경(정승)의 자리에 올랐다"라고 비아냥거렸다.[21]

이사벨라 비숍Isabella Bird Bishop을 비롯한 당시 황후를 직접 보고 관찰한 서양인들도 그녀가 무당들에게 참판이나 승지와 같은 관직을 하사하는 등 무속에 맹신적이었다고 기록했다.[22]

인사권뿐만 아니라 국고 역시 이들의 사리사욕을 위해 무분별하게 낭비되었다. 특히 세자의 안위를 명분으로 한 기복 행위는 나라 살림을 탕진하는 주요 통로였는데 진령군의 등장 이후 그 규모와 빈도는 더 커졌다. 이는 관직과 재정이 비선의 요구에 따라 사유화되었음을 보여준다. 또한, 황후의 친정아버지 민치록의 무덤을 그녀의 말에 따라

---

20. 『고종실록』 권30, 고종 30년 8월 21일.
21. 『고종실록』 권37, 고종 35년 3월 30일.
22. 장영숙, 「명성황후와 진령군 — 문화콘텐츠 속 황후의 부정적 이미지 형성과의 상관관계」, 『한국근현대사연구』 86호, 2018, 69~94쪽.

네 번이나 이장한 것 역시, 막대한 국가 예산이 남용된 대표적인 사례였다.

진령군의 영향력은 나라의 중대사가 그녀의 점괘에 따라 결정되는 지경에 이르렀다. 고종과 황후는 꿈에서 관우를 본 것을 계기로, 임오군란과 갑신정변의 위기를 넘긴 것이 모두 그의 보살핌 덕분이라고 믿었고, 관우의 딸을 자처하는 그녀를 위해 명륜동에 사당을 지어주었다. 나아가 이 모든 것이 진령군의 영험함 덕분이라고 공공연히 밝혔다.[23]

시대의 비판과 왕실의 비호

이러한 비선의 국정 농단에 대해 당대에도 신랄한 비판이 있었다. 특히 종두법 도입으로 유명한 지석영은 격정적인 상소를 통해, 진령군이 "신령을 빙자해 임금을 현혹하고, 기도를 핑계로 국고를 탕진하며, 인사권을 제멋대로 주물렀다"라고 고발했다. 그는 진령군을 향한 민심의 분노가 "온 세상 사람들이 그 살점을 씹어 먹고 싶어 할" 정도라며 극언을 서슴지 않았다. 나아가 진령군의 죄를 묻기는커녕 오히려 그녀를 비호하는 왕실의 편파적인 태도를 정면으로 지적하며, 국기國紀를 바로잡기 위해 그녀의 목을

---

23. 홍윤기, 「조선 고종 〈북묘묘정비(北廟廟庭碑)〉 주석과 번역(2)」, 『중국어문논총』 106호, 2021, 253~273 쪽.

벨 것을 강력히 요구했다.[24]

안효제 또한 상소문에서, 본래 국가의 공식적인 제사를 위해 세워진 신성한 사당이 진령군의 등장 이후 개인의 복과 저주를 비는 주술의 공간으로 전락했다고 개탄했다. 그는 진령군을, 나라를 어지럽히는 요사스러운 존재로 규정하며, 그녀가 임금의 총애를 등에 업고 개인적 인맥을 구축하는 과정을 폭로했다. 안효제는 진령군의 발호로 끝없는 기도와 제사를 핑계로 재정이 고갈되고, 관리 임명이 어지러워졌으며, 궁궐의 기강마저 해이해졌다고 비판했다. 그는 이 모든 폐해로 백성의 삶은 피폐해지고 조정의 정치는 무너지고 있다며 진령군의 처형을 촉구했다.

그러나 고종은 이러한 충언에 크게 분노하며 오히려 안효제를 추자도로 귀양 보냈다. 이는 당시 왕실이 공식적인 감찰 및 비판의 목소리보다 비선 실세 한 명의 안위를 더 중요하게 여겼음을 보여주는 사건이었다. 또한 명성황후와 진령군의 결탁이 왕실의 비호 아래 얼마나 견고했는지를 증명하는 것이기도 했다.

권력과 주술의 공생

명성황후와 진령군의 결탁은 왕비의 월권과 비선의 사

---

24. 『승정원일기』, 고종 31년 7월 5일, 한국고전종합 DB.

욕이 맞물려, 공사의 구분을 무너뜨리고 국기를 어지럽힌 사건이었다. 황후는 진령군을 통해 대원군 등 정치적 반대 세력을 견제하고, 자신만의 사적인 충성 세력을 구축했다. 진령군은 황후의 비호 아래 신분의 한계를 넘어 국정을 농단하는 막강한 위세를 누렸다.

어떻게 국모國母와 천민 무당이라는, 신분제의 정점과 최하층에 속한 인물이 이토록 긴밀한 정치적 공생 관계를 맺을 수 있었을까?

'신의 뜻'이나 '예언' 같은 주술적 권위는 이성적 비판을 원천적으로 차단하는 효과적인 통치 도구다. 반대파의 비판을 '불경'不敬으로 몰아붙일 수 있고, 모든 책임을 '천명'天命으로 돌릴 수 있기 때문이다. 결국 국정을 감당할 능력이 없는 통치자는, 자신의 불안과 욕망을 정당화해 주며, 손쉬운 명분이 되어 주는 무속 비선에 기대게 된다. 이때 '국모'와 '천민 무당'의 경계는 단순히 허물어지는 수준을 넘어, 두 존재가 하나로 동화되는 지경에 이른다.

제도와 정책이 아닌 점괘와 징조에 기대는 정치는 필연적으로 책임 회피와 비선 지배로 흐르며, 그 끝은 파국으로 이어지기 쉽다. 그 몰락은 단순히 한 통치자의 일탈을 넘어, 권력이 무속을 통치 수단으로 흡수할 때 공적 체계가 어떻게 무너지는지를 보여주는 하나의 전형典型이다.

비합리적 통치가 남긴 유산

실제로 이 '콜라보'는 국가 체제의 붕괴를 재촉했다. 진령군의 권세는 1895년 을미사변으로 명성황후가 시해당하면서 막을 내렸지만, 흥미롭게도 일본은 사건의 본질을 호도하기 위해 진령군의 존재를 적극적으로 부각했다. 당시 일제의 선전 매체였던 『한성신보』는 명성황후와 진령군을 동일시하며, "요사스러운 무당과 결탁하여 국정을 어지럽힌 황후"라는 이미지를 의도적으로 확산시켰다.[25] 이는 황후 시해를 정당화하고, 조선이 전근대적이고 야만적인 무속에 기대어 국정을 운영했다는 비난을 강화하며, 이를 '문명화'시킨다는 명분으로 자신들의 침략을 포장하려는 술책이었다.

일본이 그들의 만행에 이런 명분을 세울 수 있었다는 사실은, 병든 내부의 폐단이 외부의 침략에 얼마나 취약한 빌미를 제공하는지를 역설적으로 보여준다. 이런 맥락에서 명성황후의 통치는 재평가보다는 객관적이고 냉철한 검증의 대상이 되어야 한다. 그녀의 죽음이 일본의 손에 자행됐다는 비극적 사실이, 집권기 내내 일삼았던 폐정弊政을 가리는 순교자의 후광이 될 수는 없다.

---

25. 장영숙, 「명성황후와 진령군 — 문화콘텐츠 속 황후의 부정적 이미지 형성과의 상관관계」, 앞의 책.

결국 명성황후의 권력욕과 결합한 진령군의 존재는, 합리적 근대국가로 나아가는 길을 가로막는 족쇄가 되었고, 이는 시대의 부정적 유산으로 남았다.

그럼에도 현대의 대중매체는 종종 그녀를 일본에 맞서 싸운 비운의 왕비로 소비하며, 그 간극을 외면한다. 그러나 그녀의 외교 정책이 무분별하게 외세를 끌어들여 내정 간섭을 심화시켰듯, 국내 정치는 비선과 주술에 의존하여 나라의 기강을 무너뜨렸다. 두 영역의 실패는 별개의 사건이 아니라, 합리적 국가 운영에 대한 무지와 외면이라는 동일한 뿌리에서 비롯된 것이다. 창작물 속의 영웅적 이미지와 기록된 역사적 실체의 거리를 직시할 때 비로소 온전한 비판이 가능하다.

고종 : 무속 의존이 이끈 몰락

개항기 조선은 어떻게 자국의 정치적 주체성을 잃어버리고 외세의 노골적인 각축장으로 전락했는가. 초기 서구 열강과 일본의 압력은 주로 통상 개방과 같은 외교와 경제적 이익 추구에 머물렀다. 이는 외교적 압박으로 다가왔지만, 임오군란을 기점으로 상황은 급변했다. 단순한 압박을 넘어 내정에 직접 간섭하고 군대를 주둔시켰으며, 급기야 을미사변처럼 왕실을 향해 칼을 겨누는 폭력적인 만행까지 저질렀다. 이는 외교적 주권을 빼앗긴 것을 넘어, 정치와 사회 전반이 외세의 영향력에 좌우되기 시작했음을 의미했다. 결국 임오군란 이후 반복된 외세 개입은 스스로 개혁할 동력을 잃고 외부에 더 의존하게 만드는 악순환의 고리가 되었다.

외세 의존의 반복

1차 청의 개입 요청 : 임오군란(1882)

임오군란은 부패와 차별에서 비롯된 내부 문제였지만, 조정은 이를 자력으로 수습하지 못했다. 명성황후와 민씨 세력은 청나라에 파병을 요청했고, 청군은 반란을 진압한 뒤 흥선대원군을 본국으로 압송하며 사태를 마무리했다.

그러나 진압 이후에도 청군은 철수하지 않고 용산에 주둔하며, 재정·외교·군사 고문단을 파견해 내정에 깊숙이 개입했다. 특히 군사 고문 원세개(위안스카이)는 10년간 머물며 고종을 압박했고, 이로써 청이 내정에 직접 관여하는 공식적인 통로가 마련되었다. 이때 명성황후가 끌어들인 청군이 용산에 주둔한 것은, 이후 140년간 이어질 외국 군대 주둔 역사의 시작이었다.[26]

---

26. 「조선 원세개의 나라가 되다」, 『서울데일리뉴스』, 2020년 5월 4일 발행, 2025년 8월 5일 접속, http://www.seouldailynews.co.kr/coding/news.aspx/1/6/13189.

2차 청의 개입 요청 : 갑신정변(1884)

임오군란 이후 심화한 청의 내정 간섭에 반발한 급진 개화파는, 1884년 일본 공사관의 지원을 받아 갑신정변을 일으켰다. 정변 직후 고종과 민씨 정권은 다시 청군을 불러들였고, 정변은 사흘 만에 진압됐다.

사후 처리 과정에서 일본은 자국 공사관이 피해를 보았다며 배상금을 요구했고, 조정은 〈한성조약〉을 맺고 배상금을 지급했다. 또한 청과 일본은 〈톈진 조약〉을 맺어 '향후 조선 파병 시 상호 통보' 조항에 합의했다. 이 조항으로 일본은 청과 동등하게 조선에 군대를 파병할 수 있는 제도적 근거를 얻었고, 이는 10년 뒤 청일전쟁이 발발하는 직접적인 원인이 되었다. 결국 하나의 위기를 외세의 힘으로 막아낸 대가는, 더 큰 외세 충돌의 길을 스스로 열어준 셈이 되었다.

3차 청의 개입 요청 : 동학농민운동(1894)

1894년, 전라북도 고부에서 탐관오리의 가혹한 수탈에 저항한 농민들의 봉기가 일어났다. 농민군은 호남 지역을 빠르게 장악하고 전주성을 점령했다. 위기에 처한 고종은 익숙한 해법을 다시 꺼내 들었다. 그는 농민군을 진압하기 위해 또다시 청나라 군대를 끌어들였다. 그러나 이 선택은 이전과 달리, 일본군의 출병까지 불러오며 돌이킬 수 없는 파국의 도화선이 되었다.

청이 아산만으로 군대를 파견하자, 일본 역시 〈텐진 조약〉의 '파병 시 상호 통보' 조항을 근거로 군대를 인천에 상륙시켰다. 이후 일본군은 경복궁을 점령하며 청일전쟁을 일으켰고, 조선은 자국의 의지와 무관하게 청과 일본의 전장이 되었다. 전쟁은 일본의 승리로 끝났고, 패배한 청은 〈시모노세키 조약〉을 통해 조선에 대한 종주권을 공식적으로 포기했다.

청일전쟁 후 일본군은 관군과 함께 농민군을 진압했으며, 동학농민운동은 이렇게 고종이 불러들인 외세에 의해 종결됐다. 이후 일본은 친일 내각을 구성하고 갑오개혁을 주도하며 내정 간섭을 본격화했다.

위기 때마다 반복된 외세 의존은 새로운 외세 개입을 불러왔고, 종속의 고리를 더욱 단단히 만들었다. 자력 수습의 실패가 외세 요청으로, 외세 요청이 다시 심화된 종속으로 이어지는 악순환은 개항기 조선의 몰락을 재촉한 구조였다.

외세 의존의 심층 동력 : 무속 신앙과 관우 숭배

앞서 살펴본 것처럼, 고종과 민씨 정권은 위기 때마다 청나라의 군사력에 의존했다. 그렇다면 '이들은 왜 합리적 외교 판단이나 자주적으로 문제를 해결하는 대신, 외세를

북묘묘정비(北廟廟庭碑). 1887년 고종이 직접 글을 지어 세운 비석. 관우가 왕실을 수호한다는 신앙을 공식적으로 새겨 넣어, 무속적 세계관이 국정 운영과 결합했음을 보여준다. (사진 출처 : 국립중앙박물관)

부르는 선택을 반복했을까.

그 심층에는 국정 운영을 좌우할 정도로 깊숙이 자리 잡았던 무속 신앙이 있었다. 그리고 그 기원은 수백 년 전으로 거슬러 올라간다.

관우 신앙은 임진왜란을 계기로 조선에 전해졌다. 조선으로 파병된 명나라 군대가 관우를 '국가 수호의 신'으로 모셨고, 전쟁 후 남묘(1598)와 동묘(1600)가 세워졌다. 이후 관우는 임진왜란에서 신령한 힘으로 왜군을 물리친 '구국의 신'으로 추앙받았다.

고려대 교수 홍윤기는 고종이 세운 『북묘묘정비』北廟廟庭碑를 분석하며, 관우 숭배의 정치적 배경을 다음과 같이 설명했다.

> 역대 왕들은, 임진왜란을 극복하는 데에는 민중들이 일으킨 의병이나 이순신을 비롯한 수군의 활약보다는 명나라 군대의 참전을 이끌어 내었던 선조의 외교적 역량이 더 큰 역할을 했다고 주장하고 싶었을 것이다. 역대 조선의 왕들이 임진왜란에서 있지도 않은 관우 혼령의 활약을 미신에 가깝도록 강조한 데에는 이러한 정치적 의도가 깔려 있는 것이었다.[27]

---

27. 홍윤기, 「조선 고종 〈북묘묘정비(北廟廟庭碑)〉에 나타난 보수적 의

그러나 불행히도 고종이 이어받은 역사적 기억은 이러한 정치적 의도가 아닌 미신화된 각색뿐이었다. 그는 관우의 혼령이 임진왜란 때 일본의 침략을 막아냈듯, 위태로운 현시점에도 왕실을 지켜줄 것이라 믿었다.『북묘묘정비』는 이 신화화된 믿음이, 청나라에 대한 군사 의존을 '성스러운 구원'으로 포장하고 합리화하는 주요 명분이었음을 생생히 보여준다.

위기가 낳은 미신 : 관우의 꿈과 북묘 건립

1887년 세워진 『북묘묘정비』는 고종과 명성황후가 관우의 사당인 북묘를 세운 이유와 과정을 기록한 비석이다. 특히 비문은 고종이 손수 지은 글로, 이를 통해 당시 그의 생각을 직접 엿볼 수 있다. 비문에 따르면 북묘 건립의 직접적 계기는 고종과 왕비가 꾼 '꿈'이었다. 임오군란으로 황후가 피신하던 절체절명의 순간, 부부의 꿈에 관우가 나타나 구원을 약속했다는 것이다. 고종은 당시의 막막한 심정을 이렇게 토로했다.

나는 해가 기울면 불안하여 안절부절 어쩔 줄 몰랐으며,

식구조, 관우에 관한 꿈 그리고 자존심」,『중국어문논총』 96호, 2019, 241쪽.

왕비는 닭이 울어 날이 밝을 때까지 서로 경계하면서, 자나 깨나 영웅들을 기다리며 신명께 감사의 마음을 품고서 제사를 올렸다.[28]

풍전등화와 같은 위기 속에서 이성적 판단력을 잃은 국왕 부부는 초자연적인 힘에 기댈 수밖에 없었고, 그 절박한 심리가 바로 북묘 건립의 실제 배경이었다. 북묘 건립은 단순한 관우 숭배를 넘어, 관우의 딸이라 자칭한 무당 진령군에 대한 맹신이 국정의 공식 영역으로까지 스며든 결과였다.

무속적 믿음과 친청親淸 외교의 결합

『북묘묘정비』에 새겨진 고종의 진심은, 임진왜란부터 임오군란·갑신정변에 이르기까지 관우의 영령이 왕실을 구원했다는 믿음이었다. 그리고 그는 관우가 조선과 왕실을 도와준 원인은 자신이 올린 정성스러운 제사 덕이었다고 믿었다.[29]

이러한 신앙은, 왕권을 위협하는 내부의 변란을 외부

---

28. 홍윤기,「조선 고종〈북묘묘정비(北廟廟庭碑)〉주석과 번역(3)」,『중국어문논총』109호, 2022, 179쪽.
29. 홍윤기,「조선 고종〈북묘묘정비(北廟廟庭碑)〉에 나타난 보수적 의식구조, 관우에 관한 꿈 그리고 자존심」, 앞의 책.

의 힘을 빌려 해결해야 했던 정치적 필요성과 결합하며, 그의 통치 행위를 정당화하는 핵심 이데올로기로 작동했다. 임오군란과 갑신정변을 진압한 청군을 '관우의 현신顯身'으로 규정한 것도 그 연장선이었다. 이는 단순한 정치적 자기 합리화를 넘어, 외세 군사 개입이라는 민감한 사안에 신성한 권위를 덧씌워 반대 여론을 잠재우려는 정략적 행위였다. 언뜻 진실한 믿음과 정치적 계산은 공존하기 어려워 보인다. 그러나 고종에게는 관우 신앙에 대한 그의 진정성이야말로 가장 효과적인 정치적 명분이 되어주었다.

고종이 비문에서 임오군란과 갑신정변의 주도 세력을 '미친개'나 '흉악한 무리'로 묘사하며 극도의 적대감을 드러낸 것 역시 같은 맥락이었다. 13개월 동안 밀린 급료로 모래 섞인 쌀을 받아 봉기한 군병들을 반인륜적 존재로 낙인찍음으로써, 그들의 저항이 가진 최소한의 정당성마저 박탈하고 자신의 무력 진압을 정당화한 것이다.

결국 자국의 군대를 진압하기 위해 외국의 군대를 불러들인 배경에는, 신앙을 통치의 명분으로 삼으려는 왜곡된 인식이 자리 잡고 있었다. '청군의 군사력'은 '관우의 비호'라는 신의 도움으로 치환·포장되어, 고종의 위태로운 왕권을 떠받치는 명분이 되었다.

그는 과거 관우의 혼령이 왕실을 지켜준 것처럼 앞으

로도 그러할 것이라 기대했지만, 그가 상정한 미래의 적은 외세가 아니라, 왕권을 위협하는 국내의 반대 세력이었다. 그리고 그들을 제압할 힘의 원천을 자국 군사력이 아닌 관우의 영험한 힘 — 실질적으로는 청나라의 군사력 — 에서 찾았다.30

따라서 고종의 반복적인 외세 개입 요청은 단순한 정치적 계산을 넘어선 것이었다. 그것은 '관우의 넋이 청군의 모습을 빌려 나타나 역적들을 물리친다'는 미신적 믿음과 결합하여, 자신의 선택을 절대 선善으로 정당화하는 수단이 되었다. 이런 인식은 청에 대한 의존을 '성스러운 것'으로 포장했을 뿐 아니라, 내부의 개혁 세력까지 '관우의 뜻을 거스르는 역적'으로 규정해 손쉽게 탄압할 수 있는 명분을 제공했다. 정치적 판단이 비이성적 신앙과 뒤섞이자, 국가는 스스로 개혁할 동력을 잃고 외부 세력에 기대는 손쉬운 길에 빠져들며 몰락을 재촉했다.

허구에 기댄 믿음의 비극

그렇다면 고종이 관우를 이토록 의지하며 신격화했던 그 믿음의 근거는 무엇이었을까?

『북묘묘정비』에서 고종이 묘사한 관우의 대표적인 미

---

30. 같은 글.

덕 — '촛불을 들고 밤새 두 형수를 지킨 일', '조조가 준 금은보화를 거절한 일', '물의 힘으로 조조의 7개 군단을 수몰시킨 일' — 은 모두 정사正史가 아닌, 소설『삼국지연의』가 만들어낸 허구적 각색이었다.[31] 고종이 굳게 믿었던 관우의 미덕과 관련된 구절들 또한 모종강본毛宗崗本『삼국연의』의 평론에서 그대로 가져온 것이었다.[32]

즉, 고종이 국운을 걸고 숭배했던 관우는 역사서『삼국지』속 실존 인물과 거리가 멀었다. 심지어 나관중羅貫中의 원본 소설『삼국지연의』에 나오는 영웅과도 달랐다. 그가 의지한 것은 청나라 문인 모종강이 각색하고 평론을 덧붙여 완성한 판본 속 관우였다. 모종강은 관우의 '충의'를 부각하기 위해 원작에 없는 일화를 추가하고 기존 이야기를 윤색했다. 그 결과 관우를 인간 영웅을 넘어 신神의 경지로 끌어올렸다. 고종이 숭배했던 대상은 바로 이 모종강이 재창조한 허구의 신이었고, 바로 그 지점에서 비극은 깊어진다.

결국 한 나라의 왕은 국가의 명운이 걸린 위기 속에서 역사적 사실이 아닌 허구의 소설에 감화되어 현실과 괴리

---

31. 홍윤기,「조선 고종〈북묘묘정비(北廟廟庭碑)〉주석과 번역(2)」, 앞의 책.
32. 홍윤기,「조선 고종〈북묘묘정비(北廟廟庭碑)〉주석과 번역(3)」, 앞의 책.

된 믿음을 키웠고, 그 믿음으로 외세에 의존하는 정책을 정당화했다.

『북묘묘정비』어디에서도 나라를 강건하게 만들려는 고종의 의지는 찾아볼 수 없었다. 보이는 것은 시종일관 허구로 꾸며진 신에게 자신과 왕실의 안위만을 기원하는 모습뿐이었다. 이는 '외부의 힘을 빌려 내부 문제를 해결하려는' 그의 고질적인 의존성이 외교적 무능과 내치의 비합리성이라는 동일한 뿌리에서 비롯됐음을 보여준다.

홍윤기의 지적처럼, 한 시대의 책임을 소설책에 물을 수는 없다. 진정한 책임은 그 소설을 읽고 판단하여 현실 정치에 투영한 사람에게 있을 뿐이다.[33]

무능과 통치 붕괴

허구의 신에게 의존하여 국가적 위기를 돌파하려 했던 현실 도피적인 선택은 고종의 단편적인 실수가 아니었다. 이는 그의 집권기 전반에 드러난 무능한 국정 운영과 책임 회피의 한 단면이었다. 한 시대의 책임은 결국 그 시대를 이끈 군주에게 돌아간다. 그렇다면 소설에 기댄 믿음을 논하기 이전에, 그의 통치 자체는 어떠했는가.

고종의 즉위 초부터 실권은 흥선대원군에게 있었고,

---

33. 같은 글, 188쪽.

대원군이 물러난 뒤에는 민씨 세력이 권력을 장악했다. 즉위 당시 12세의 어린 나이였음을 감안하더라도, 성년이 된 이후에도 고종은 정국을 주도하지 못했다. 그는 외척과 측근들에게 실권을 내준 채, 스스로 책임지는 통치 체제를 세우지 못했다.

궁중의 기강 해이와 국정 문란

친정을 시작한 이후, 고종은 군주의 책임은 뒤로한 채 날마다 연회와 유흥에 빠져 지냈다. 『매천야록』에 따르면, 궁궐은 매일 밤 끊이지 않는 연회의 장(場)이 되었다. 촛불과 등불이 대낮처럼 환하게 궐내를 밝혔고, 그 불빛 아래에서는 광대와 무당, 맹인 악사들이 뒤엉켜 노래하고 악기를 연주하며 밤새 소란을 피웠다.

밤낮이 완전히 뒤바뀐 생활 속에서 왕과 왕비는 새벽 서너 시가 넘어서야 잠자리에 들었다가 오후 늦게 일어나는 것이 일상이 되었다. 군주의 하루가 이러하니 신하들의 나태는 필연적이었고, 무너진 생활 리듬은 곧 관료 사회 전체의 기강 해이로 번져 국정 전반을 문란하게 만들었다.

무너진 기강은 관리 선발 제도마저 유희의 대상으로 전락시켰다. 놀기를 좋아했던 고종은 무료함을 달래거나 일시적인 기분에 따라 과거 시험을 수시로 열었고, 한 달에 두 번이나 치르는 일마저 있었다.[34] 시험을 주관하는 날에도 매번 해가 질 무렵에야 시험장에 나타났고, 그나마도 잠시 앉았다가 이내 환궁還宮하기 일쑤였다. 이 때문에 과거를 보던 선비들은 촛불 아래에서 허둥지둥 답안을 작성해야 했다. 이는 그 스스로 국가 제도의 권위를 무너뜨리고, 통치의 기본 원칙마저 가벼이 여겼음을 보여주는 단적인 사례였다.

인물은 사라져도 구조는 남는다

'무속이 정치화되었다'는 말은, 무속이 그 자체로 정치를 주도했다는 뜻이 아니다. 이는 국가의 중대사가 주술적 판단을 거쳐야만 실행되고, 정치적 결정이 제도 밖의 언어를 통과해야만 정당성을 얻는 기형적 구조가 되었음을 의미한다.

이러한 주술 정치의 악순환은, 그 중심에 있던 명성황후가 을미사변으로 사라진 뒤에도 멈추지 않았다. 그녀의 죽음이 남긴 정치적 공백을 수습하는 과정에서도 고종은 다시 무당을 찾았다. 명성황후와 그녀가 총애하던 진령군이 구축했던 북묘 체제가 막을 내리자, 그 자리는 곧 새로운 인물들로 채워졌다. 고종의 후궁 엄비嚴妃(훗날 순헌황귀비)와 무당 현령군賢靈君이 그들이었다.[35]

---

34. 황현, 국역『梅泉野錄』제1권 上,「고종의 曲宴遊戱」.

이들은 명성황후의 북묘에 대항하듯 서대문 인근에 새로운 사당 서묘西廟, 즉 숭의묘崇義廟를 세웠다. 명분은 엄비와 그 자손의 번영과 발복을 기원한다는 것이었다.36 고종은 이를 공식 승인하고 막대한 건축비를 지원했으며, 사당의 이름 숭의崇義를 직접 하사했다.37

명성황후가 사라진 뒤에도 궁궐은 여전히 굿판과 점괘로 움직였다. 을미사변 이후 러시아 공사관에서 경운궁으로 환궁하는 날짜, 대한제국 황제 즉위식의 길일조차 점복으로 정해졌다. 이제 주술은 더 이상 정치 곁에 붙어 있는 부속물이 아니라, 통치 행위 그 자체와 분리될 수 없는 지경에 이르렀다. 권력은 자기 파국을 알지 못한 채 끝까지 부적과 점괘를 붙들었다.

이처럼 조선 말기 무속으로 인한 국정 농단은 특정 인물의 문제가 아니었다. 명성황후와 진령군이 사라져도, 엄비와 현령군이라는 새로운 조합이 그 자리를 대체했다. 결국 인물은 사라져도 구조는 남았고, 그것은 조선의 파국을 재촉하는 굴레로 계속 작동했다.

---

35. 장장식, 「서울의 관왕묘 건치와 관우신앙의 양상」, 『민속학연구』 14호, 2004, 403~440쪽.
36. 민관동·배우정, 「國內 關羽廟의 現況과 受容에 대한 硏究」, 『중국소설논총』 45호, 2015, 87~114쪽.
37. 이정희, 「숭의묘 건립과 숭의묘 제례악」, 『공연문화연구』 19호, 2008, 317~346 쪽.

나라의 공적 체계가 무녀의 주술에 마비되어 갈 때, 최종 책임자인 군주 고종은 무엇을 하고 있었는가? 그는 무능한 방관자였을까, 아니면 그 비극의 공모자였을까.

그가 남긴 기록들은 그가 단순한 방관을 넘어, 비합리적 통치 방식의 가장 깊은 동조자이자 적극적인 후원자였음을 보여준다. 그는 부친이 정당성을 위해 끌어들였고, 아내가 권력을 위해 악용했던 주술의 세계에서 벗어나지 못했다. 오히려 그 안에서 방향을 잃고 헤매며, 스스로 몰락의 중심이 되어갔다.

외세의 침략과 군주의 무능이라는 총체적 위기 속에서(1단계 : 취약성), 국가의 공적 시스템은 왕비와 민씨 척족, 그리고 무당으로 이어지는 사적인 관계망에 의해 완전히 대체되고 사유화되었다(2단계 : 고립). 매관매직과 주술이 국정 운영의 핵심 도구가 되었고(3단계 : 비합리적 대안), 이는 결국 민란과 외세 개입을 불러오며 국가의 주권을 상실하는 파국으로 귀결되었다(4단계 : 자기 파괴).

이것이 바로 공적 제도가 사적 관계망에 잠식당하며 붕괴하는 '주술 의존형 권력 붕괴 모델'의 세 번째 변주, 즉 '관계적 파국'이다.

제도 밖의 믿음은 왜 혼란의 틈마다 어김없이 호출되는가? 위기에 몰린 통치자가 명분을 덧씌워야 할 때, 그것은 가장 손쉬운 수단이 된다. 주술적 해법은 즉각적이고

1단계 : 취약성
외세 침략과 군주의 무능이 겹친 총체적 위기

⇩

2단계 : 고립
공적 시스템이 왕비·민씨 척족·무당으로 이어지는 사적 관계망에 완전히 대체·사유화

⇩

3단계 : 비합리적 대안
매관매직과 주술이 국정 운영의 핵심 도구로 기능

⇩

4단계 : 자기 파괴
민란과 외세 개입을 초래, 국가 주권 상실로 귀결

도표 4. 파멸의 4단계 : 고종의 관계적 파국

책임이 없으며, 정당화 연출에도 적합하다. 복잡한 논리를 설계하거나, 제도 안에서 판단할 필요도 없다. 국정을 운영할 능력이 없는 지도자들이 책임을 회피하고 결정을 외부로 전가하기에 이보다 편한 도구는 없었다. 그리하여 지배 체제의 붕괴는 필연적이고 반복되는 결말이 되었다.

다시 또, 무속

어리석은 왕은 무능했고 탐욕스러운 왕비는 미신에 빠져 나라를 어지럽혔다. 결국 그들은 성난 민심에 쫓겨나 비참한 최후를 맞았다. 이것은 단지 '옛날이야기'일 뿐이다.

하지만 그저 오래된 이야기라 여겼다면, 곧 방금 넘긴 앞 장을 되풀이하는 듯한 데자뷔를 맞게 될 것이다.

2021년부터 대한민국에서 벌어졌던 일들은 바로 그 진부한 우화의 동어반복이다. 이야기는 현재 진행형이지만, 우리는 이미 같은 결말을 본 적이 있다. 그리고 그 끝은 이번에도 다르지 않을 것이다.

왕王 자 손바닥 : 도참의 현대적 변주

1865년, 흥선대원군은 무너진 왕실의 권위를 다시 세우기 위해 경복궁 중건을 시작했다. 하지만, 이 대규모 공사의 명분을 확보하기란 쉽지 않았다. 바로 그때, 마치 예정된 것처럼 '하늘의 계시'가 나타났다. 의정부 건물을 수리하던 중, 글귀가 새겨진 돌 하나가 발견된 것이었다. 대원군은 이 예언석을 중건의 명분으로 삼았다. 이것이 치밀하게 기획된 정치적 연출이었음은 의심할 여지가 없지만, 그는 이 신비한 징조를 통해 백성들의 저항을 무마하고, 자신의 의지를 천명天命으로 포장했다.

권력의 명분을 이처럼 기이한 징조에서 찾으려던 시도는 120여 년이 흐른 뒤, 돌멩이가 아닌 인간의 신체 위에서 더욱더 노골적이고 기묘한 방식으로 재현되었다.

2021년, 대한민국 대통령 선거의 유력 후보가 TV 토론회에 출연했다. 전 국민이 지켜보는 가운데, 카메라는 그의 손바닥에 선명하게 쓰인 '왕'王 자를 포착했다. 국가의 미래를 논하는 이성적인 토론의 장에, 주술적 의미가 다분한 글자가 등장한 것이다. 논란은 즉시 불붙었다. 미신과 주술에 의존하는 후보가 어떻게 국정을 이끌 수 있느냐는 비판이 쏟아졌다. 캠프 측에서는 지지자가 응원의 의미로 써준 것을 미처 지우지 못했을 뿐이라고 해명했지만, 그 궁색한 변명은 오히려 의혹을 증폭시켰다.

과거 권력자가 공사에 신성한 권위를 부여하기 위해 땅속에서 '예언'을 파내어 대중에게 보였다면, 현대 지도자는 토론의 승리를 기원하며 손바닥에 새긴 '주술'을 대중에게 들켰다. 매개체는 돌멩이에서 손바닥으로, 의도는 공개적 과시에서 은밀한 은닉으로 바뀌었지만, 정책 역량이 부족한 세력이 미신에 기대려 한다는 본질은 변하지 않았다.

중요한 것은, 이 표식이 국민과의 약속이나 정책 메시지가 아니라, 주술적 권위를 드러내는 기호였다는 점이다. 정치의 언어가 제도적 정당성보다 상징적 암시를 우선하게 되면, 그 통치는 조선 말기의 주술적 정당화 방식과 닮은 길을 걷게 된다.

시대착오적 도참 의존의 역풍

하지만 흥선대원군 시대와 달리, 21세기의 도참 정치는 피할 수 없는 역풍을 불러왔다. 과학적 이성과 합리성을 기반으로 하는 현대 민주주의 국가에서, 국가 지도자가 시대착오적인 주술에 기댄다는 사실 자체가 자신의 권위를 스스로 훼손하는 행위였다.

도참이나 주술은 그 특성상 공개적이고 투명하게 이루어지지 않는다. 대선 후보가 주술에 기대는 모습이 포착되자, 비공식적이고 은밀한 점술이 국정을 좌우할 것이라는 의심은, 필연적으로 '비선 실세'의 존재와 '밀실 행정'에 대한 의혹으로 이어졌다. 이는 그의 공정성에 대한 대중의 신뢰를 뿌리부터 흔드는 것이었다.

또한, 특정 미신에 대한 그의 행동은 그 자체로 다수의 국민에게는 큰 반발심을 불러일으켰다. 수많은 국민은 이 비합리적인 행태를 조롱과 비판의 대상으로 삼았고, 이는 그의 권위를 실추시키고 국론을 극심한 분열로 몰고 갔다. 그 자신이 비웃음의 대상으로 전락했을 뿐 아니라, 그의 모든 발언과 정책에 대한 비판적 여론을 키우는 역효과만 낳았다. 이 소모적인 논쟁은 국민에게 피로감을 안겼고, 결국 정치 전반에 대한 냉소주의만을 남겼다.

무엇보다, 복잡한 국가적 난제를 해결해야 할 후보자가 주술에 기대는 모습은, 현실 문제 해결 능력이 부족하다는 인상을 주기에 충분했다. 흥선대원군 시대에 도참이 통치 권위를 잠시나마 포장해 주는 수단이었을지 몰라도, 현대 사회에서 리더의 권위는 오직 국민의 신뢰와 투명하고 유능한 국정 운영에서만 나온다는 사실을 증명할 뿐이었다.

결국 윤석열의 손바닥 '왕'王 자는 그 자체가 하나의 완벽한 답안이 되었다. 그것은 시대착오적인 주술 정치가 어떻게 리더의 신뢰를 무너뜨리고, 사회를 조롱과 분열의 장으로 만들며, 결국 자신의 권위를 추락시키게 되는지에 대한 가장 명징한 증거였다.

용산 시대 : 진정한 용두사미龍頭蛇尾

설명 없는 이전, 책임 없는 권력

대통령실을 옮긴다는 결정은 단순한 행정 조정이 아니라, 국가 통치의 표상과 구조를 바꾸는 중대사였다. 따라서 청와대의 헌법적 위상부터 국방부 청사의 보안 문제, 예산과 안보에 미칠 영향 분석과 사회적 합의까지, 넘어야 할 산은 높고도 많았다.

하지만 그 어떤 과정도 지켜지지 않았다. 제도적 검토는 생략되었고, 행정 절차는 기록되지 않았으며, 사회적 합의는 시도조차 되지 않았다. 청와대가 지닌 상징성과 역사성은 하루아침에 사라졌고, 새로운 권위는 아무 설명 없이 그 자리를 차지했다. 이 과정에서 막대한 이전 비용은 계획 없이 투입됐고, 그 행적을 담은 보고서는 존재하지 않았다. 모든 공백을 메운 것은 오직 '풍수'와 '명당'이라는 단어뿐이었다.

결국 공적 절차를 모두 건너뛴 채 오직 대통령 한 사람의 의지로 국정의 심장을 옮긴 이 사건은, 새 정권이 통치 권한을 어떻게 이해하고 행사할 것인지를 보여주는 불길한 서막이었다.

그렇다면 이 비합리적인 결정의 뿌리는 어디에 있었을까? 공적인 설명이 부재한 곳에서, 우리는 그 사적인 기원을 들여다볼 수밖에 없다. 공교롭게도 그 중심에는 '용'龍에 대한 기이한 신화가 있었다.

용 패티쉬, 그 사적인 기원

20대 대선을 불과 닷새 앞둔 2022년 3월 4일, 풍수가 백재권이 한 인터뷰에서 흥미로운 이야기를 꺼냈다. 그는 윤석열 후보 부부를 직접 만났던 일화를 소개하며, 김건희가 직접 들려주었다는 태몽에 대해 처음으로 입을 열었다. 그러고는 인터뷰의 상당 부분을 할애하여, 그 꿈이 가진 심상치 않은 의미에 대해 구구절절 해석을 덧붙였다. 당시 인터뷰 내용과 그의 해몽을 토시 하나 빠짐없이 들어보자.

김건희 씨는 '엄마가 수정처럼 맑고 깨끗한 물이 고여 있는 큰 호수에 놀러 갔는데, 뭔가 이상해서 하늘을 올려다보니 큰 황룡이 구름 위를 날고 있었다고 했다. 그래서 손에 침을 발라 팔에 비비면서 이리 오라고 용을 불렀단다. 그랬더니 갑자기 그 용이 엄마를 향해 쏜살같이 날아오더니 팔을 꽉 물고서 다시 하늘로 올라갔다'라고 꿈을 설명했다. 김건희 씨 엄마는 소스라치게 놀라 잠에서 깼다고 한다.

그런데 특이하게도 용이 큰 갓을 머리에 쓰고 있었다고 했다. 그 이후 자신이 잉태된 사실을 알게 됐다고 한다. 김건희 씨는 '아빠는 용꿈이라 아들인 줄 알았는데 딸이 태어나자, 처음에는 크게 실망했지만, 사랑을 많이 줬다'라고 했다.

그리고 이어서 다음과 같은 꿈해몽을 덧붙였다.

전·현직 대통령이나 역사적인 인물 또는 호랑이, 사자, 독수리 등 세상을 호령하는 동물이 나타났다면 그건 귀한 길몽이다. 큰 권력과 큰 명예를 뜻하는 꿈이기 때문이다. 그만큼 아이가 고위 인사, 권력자가 된다는 뜻이다. 특히 용꿈은 태몽이든 일반 꿈이든 범상치 않다. 용은 상상의 동물이지만 용이 상징하는 바에 따라 그 의미와 뜻은 확실하게 부여된다.

또한 용 중에서도 황룡이 뜻하는 의미가 따로 있다. 중국 황제는 용이 새겨진 노란색 황룡포黃龍袍를 입었다. 중국이 세상의 중심이라고 여겼기 때문이다. 용이 반드시 왕이나 황제를 의미하는 것은 아니지만 귀한 존재를 상징하는 것은 틀림이 없다. 황색은 중앙, 중심, 포용, 안정 등을 뜻한다. 황룡 꿈은 아이가 어디를 가든 핵심 인물이 된다는 뜻으로 풀이할 수 있다. 태몽을 컬러로 꾸기도 힘들다. 더욱이 청룡도 아니고 황금색 황룡이 등장하는 경우는 매우 드물다.

또한 머리에 갓이나 관冠을 쓴 용이 나오는 태몽을 꿨다면, 태어날 아이는 큰 권력을 쥐고 살게 될 가능성이 높다. 조선시대에는 신분에 따라 모자가 달랐다. 크고 색다른 모자를 썼다는 것은 일반인 신분이 아니라는 의미다. 면

류관은 왕의 즉위식이나 혼인 시에 사용했고, 익선관은 왕의 업무용 모자다. 사모는 문무백관, 정자관은 사대부나 유생들이 집안에서 쓰던 모자다. 직책이 높을수록 크고 화려하다. 왕비가 쓰던 대수머리가 있고 족두리와 화관은 결혼식 등에 사용하던 의례용이다. 모자를 쓴 용꿈이라면 권력자 중에서도 우두머리가 된다는 해몽으로 연결된다. 갓이나 모자의 크기와 화려함에 따라 우두머리의 위상이 달라진다.

그리고 그는 김건희의 태몽을 대선과 연결 지으며 인터뷰의 대미를 장식했다.

용꿈은 권력을 상징하기도 하고 조직이나 무리에서 우두머리를 뜻하기도 한다. 대통령 후보 부인이 권력을 상징하는 용꿈을 꿨고 거기다 그 용이 머리에 큰 갓까지 쓰고 나왔다. 이번 대선이 끝나면 태몽의 진정한 의미를 알게 되지 않을까 한다.[1]

대선을 코앞에 두고, 풍수가는 이처럼 장황하게 태몽

---

1. 김현우, 「[인터뷰] 尹·安 단일화 예견 백재권 교수 … 김건희 태몽 최초 공개」, 『여성경제신문』, 2022년 3월 5일 발행, 2025년 8월 6일 접속, https://www.womaneconomy.co.kr/news/articleView.html?idxno=210373.

의 신화를 설파했다. 이는 바야흐로 시작될 '용龍의 시대'에 대한 예고였다.

흥선대원군의 예언석이 진짜였는지, 경복궁의 방향이 실제 길지였는지, 그 진위가 중요하지 않았던 것처럼 김건희의 태몽이 정말 용꿈이었는지도 중요하지 않다. 다만 그가 다른 의미의 용꿈을 꾸었던 것만은 확실했다.

사적인 영역에서 '용꿈'의 신화를 만들었던 그 주술적 세계관은, '용산'龍山이라는 공적인 공간을 선택하는 과정에서 '풍수'로 다시 모습을 드러낸다.

풍수, 책임을 회피하는 언어

풍수와 명당은 단지 문화적 관용구가 아니라, 실제로 대통령실 위치를 결정하는 데 영향을 준 말이었다. 국민은 정책 방향이나 예산이 아닌, 대통령이 앉을 자리에 흐른다는 '기운'에 대한 설명을 먼저 들어야 했다. 공식적 행정 절차가 부재한 상태에서, 풍수적 어휘와 무속적 인물이 정책 설명의 공백을 메운 셈이다. 정책의 언어가 사라지고, 그 자리를 풍수적 감응이 대체한 것이다.

이 주술적 서사는 2022년 3월, 윤석열 정부의 출범 직후부터 시작되었다. 대통령 집무실을 용산으로 이전하겠다는 급작스러운 발표와 함께, 그 배경으로 천공의 조언이 있다는 의혹이 급속히 확산했다. 당시 화제의 중심에 선

역술인 천공은 YTN 인터뷰에서 직접적인 조언은 부인하면서도, "참으로 잘하는 것이다. 앞으로 발복發福하기 시작할 것"이라며 용산 이전을 극찬했다.²

이러한 분위기 속에서 2022년 3월 20일 집무실 이전 브리핑이 있자마자, 언론들은 앞다투어 풍수 담론을 쏟아냈다. 때아닌 풍수 논쟁에 학자들과 소위 전문가들 사이에 갑론을박이 이어지고 의견이 분분했다.³ 조선일보는 용산을 "황룡黃龍이 물을 마시는 제왕의 땅"이라 칭하며 용산을 얻으면 천하를 얻는다는 풍수 전문가의 말을 전파했고,⁴ 〈디지털타임스〉는 「尹이 찍은 용산 '재물이 모이는 곳, 과연 명당'」이라는 제목으로, 풍수가의 말을 인용해 "용산을 차지한 집단이 한반도를 좌지우지하고 있다"라는 내용의 기사를 실었다.⁵ 청와대를 '흉지', 용산을 '길지'로 나누는

---

2. 「[단독] 천공 "용산 이전 직접 조언한 적 없어 … 이전은 잘하는 일"」, 『YTN』, 2022년 3월 23일 발행, 2025년 8월 5일 접속, https://www.youtube.com/watch?v=beqDMdhWfKg.
3. 박상현, 「대통령실 들어설 용산은 길지? … 학자들 "풍수는 생각하기 나름"」, 『연합뉴스』, 2022년 3월 21일 발행, 2025년 8월 5일 접속, https://www.yna.co.kr/view/AKR20220321108700005.
4. 김두규, 「황룡이 물을 마시는 용산은 제왕의 땅인가?」, 『朝鮮日報』, 2022년 4월 16일 발행, 2025년 8월 5일 접속, https://www.chosun.com/national/weekend/2022/04/16/IDS2UF3JVZBVVB7C5NSF7MUGDI/.
5. 박은희, 「尹이 찍은 용산 "재물이 모이는 곳, 과연 명당"」, 『디지털타임스』, 2022년 5월 19일 수정, 2025년 8월 5일 접속, https://www.dt.co.kr/contents.html?article_no=2022051202100251057001.

풍수 이분법은 순식간에 절차적 공론을 건너뛴 결정의 정당성을 대체하는 핵심 논리로 자리 잡았다.

당시 정부는 "천공은 관여하지 않았다"라고 공식적으로 선을 그었다. 하지만 천공의 개입설이 대통령 관저 이전 문제로까지 번지자, 정부는 또 다른 풍수가인 백재권을 내세워 "천공이 아닌 백재권이 관저 후보지를 답사했다"라고 반박했다.[6] 그러나 이 해명은 한 역술인을 둘러싼 의혹을 다른 역술인으로 덮으려는 시도로 비치며, 의심에 다시 불을 지폈을 뿐이었다.

결과적으로 청와대가 흉지든 아니든, 용산이 명당이든 아니든, 이 모든 풍수 논란으로 인해 용산 이전 정책의 본질은 화두가 되지 못했다. 언론은 풍수적 해석에 몰두하며 전통 상징으로 공간 이동의 '당위성'을 포장했다. 그 과정에서 논란의 핵심은 흐려졌고, 풍수는 정책을 정당화하는 도구로 활용되었다.

문제는, 그 언어가 설득을 위한 설명이 아니라, 책임을 피하기 위한 장치였다는 점이다. '기운'은 왜 대통령실을 용산으로 이전했는지 설명하지 못한다. 오히려 '그냥 느낌이 그렇다'는 식의, 증명할 필요 없는 확신을 내세워 반론

---

6. 김청윤, 「[단독] 경찰 "천공 아닌 다른 풍수학자가 관저 후보지 답사"」, 『KBS뉴스』, 2023년 7월 21일 수정, 2025년 8월 5일 접속, https://news.kbs.co.kr/news/pc/view/view.do?ncd=7729807.

자체를 무의미하게 만들 뿐이다. 그 결과, 정책 판단은 이성적인 논리가 아니라 개인적인 감각의 문제가 되었고, 실패의 책임은 사람이 아닌 하늘과 운명, 알 수 없는 기운 탓으로 돌려졌다.

즉, 풍수 언어는 설명이 아니라 회피의 도구였을 뿐이다.

명당이라면서요

용산 풍수 명당설은 정책의 효용성을 따지는 토론이 아니라, '터의 기운이 좋다, 나쁘다'를 따지는 무속의 논리 위에 서 있었다. 전통문화라는 그럴듯한 권위를 빌렸지만, 그 본질은 권력자의 독단적인 결정을 합리화하기 위한 포장술에 불과했다. 명당으로의 이동이라는 거창한 포장은 현실의 문제들 앞에서 그 실체를 드러냈다. 불투명한 절차, 눈덩이처럼 불어난 예산, 속속들이 드러난 경호·안보의 공백까지. '용이 여의주를 물고 들어앉은 길지'라던 위상은 실패한 정권의 상징으로 초라하게 추락했다.

풍수적으로 용의 머리라던 용산은, 결과적으로는 뱀의 꼬리도 되지 못했다. 청와대라는 낡은 권위를 벗어던지고 새로운 시대를 열겠다던 약속은, 사적 신념과 은밀한 권위에 기대어 국정의 공간을 이전한 희대의 촌극으로 끝났다. 용산 시대는 그렇게 시작부터 끝까지, 그저 용두사미龍頭蛇尾였다.

국모와 무속 비선

명성황후와 진령군의 관계는 주술과 정치가 결합한 가장 대표적인 사례로 남아 있다. '국모'라 불리던 왕비가 절박한 위기 속에서 무속에 기댔다. 그 사적인 믿음은 공적 영역을 무너뜨리고 권력을 사유화하는 결과로 이어졌다.

군君은 본래 왕의 아들이나 공신처럼 왕실 남성 종친이거나 나라에 혁혁한 공을 세운 인물에게 주어지던 엄격한 작호爵號였다. 명성황후가 천민 출신의 여성 무속인에게 '군'의 작호를 내린 것은 초유의 사례였다. 이는 무당에게 작위를 내려 그 신령한 위상을 국가가 사실상 공인해 준 셈이었다. 이 칭호가 실제 왕명에 따른 봉작은 아니었지만, 왕비가 사적으로 '군' 호를 내렸다는 자체가 무속인을 국정 체계 안으로 끌어들인 행위였다. 아니나 다를까, 진령군은 이후 관직 매매에 개입하고, 자기 아들을 요직에 앉히는 등 국정을 농단하며 막강한 위세를 휘둘렀다.

천공과 건진법사 : 명명命名된 무속의 시대

박근혜 정권에서 무속은 감추는 대상이었다. 그래서 최순실의 이름이 드러났을 때, 그것은 폭로였고 스캔들이었다. 그 존재가 폭로되는 순간, 권력은 균열하기 시작했다. 그러나 윤석열 정권의 무속은 다른 방식으로 작동했다. 숨기지 않고 등장했고, 감추지 않고 말했다. 천공은 구체적으로 노출되었고 공공연한 조언자로 기능했다. 그의 신상과 얼굴이 알려지고, 그의 발언이 콘텐츠가 되었다. 제도 밖의 믿음은 더 이상 배후가 아니라, 통치 담론의 전면에 나서기 시작했다.

천공, 건진법사 등은 외부의 폭로가 아니라 자신을 드러낸 '이름'들이었다. 이들의 이름이 공공연히 불렸다는 사실 자체가, 주술적 영향력이 더는 비밀스럽지 않은 권력의 일부가 되었음을 보여주는 신호였다. 나아가, 이를 숨기려는 노력조차 없었다는 점은, 정권 스스로 문제의식 자체가 실종되었음을 증명하는 것이다.

천공은 윤석열이 대통령 후보 시절부터 언론에 반복적으로 등장한 인물로, 일정 조율과 메시지 수위 조정에 관여한다는 의혹을 받았다. 실제 그의 영향력은 대통령이 주요 결정을 할 때마다 드러났는데, 첫 번째 대표적인 사례가 바로 대통령실 이전과 관련한 명당 논쟁이었다. 국가의 중대사를 결정하는 데 비선 인사의 조언이 작용했다는 논란은, 그 사실 여부를 떠나 신뢰 자체를 훼손하는 일이었다. 대통령실의 용산 이전 결정과 맞물려, 천공이 "용산이 명당"이라고 발언한 내용은 유튜브 등을 통해 확산하며 불신에 기름을 부었다.[7]

대통령의 중요 결정이 천공의 메시지와 기묘한 시차

를 두고 맞아떨어지는 패턴은 용산 이전에만 국한되지 않았다. 또 다른 대표적인 사례는 뜬금없이 등장한 〈대왕고래 프로젝트〉에서 다시 한번 확인되었다.[8] 정부의 공식 발표가 있기 직전, 공교롭게도 천공이 산유국을 예언한 강의 영상이 먼저 대중에게 공개된 것이다. 이처럼 주요 정책이 그의 '족집게' 발언과 맞아떨어지는 현상이 반복되었다. 여기에 여권 인사 강연이나 재단 설립 과정에서 정부와 연루된 정황까지 드러나자, 비선이 국정에 개입한다는 비판은 더 거세졌다.

건진법사는 김건희의 사적, 공적 활동 전반에 깊이 개입했다는 설이 보도되며 함께 등장했다. 그의 역할은 단순한 조언자를 넘어, 권력이 형성되는 과정의 가장 내밀한 부분부터 관여한 '비선 실세'에 가까웠음이 검찰 수사를 통해 드러났다. 그는 대선 캠프 시절 선대본부 고문으로 불리며 후보의 일정과 메시지 등 핵심 의사결정에 깊이 관여했고, 그가 이끈 조직은 여론조작을 위한 댓글팀까지 운영한 것으로 드러났다.[9]

---

7. 「[천공 인터뷰] 尹, 천공이 강의한대로 용산에 천막쳤다??」, 『시사직격 KBS』, 2022년 5월 6일 발행, 2025년 8월 6일 접속, https://www.youtube.com/watch?v=tbnaKhDcJko.
8. 「"천공, 2주 전에 한 말" 또 그 이름이 … 프로젝트 '대왕고래' 후폭풍」, 『JTBC News』, 2024년 6월 4일 발행, 2025년 8월 6일 접속, https://www.youtube.com/watch?v=JPhS_3X_Als.

이후 2022년 지방선거에서는 국민의힘 의원에게 직접 특정 후보를 추천하는 문자를 보내고, 그의 처남이 수도권 시장 공천 과정에 깊이 개입해 특정 후보를 당선시키는 등 공천에까지 실질적인 영향력을 행사한 혐의를 받았다.[10] 건진법사는 김건희의 일정과 통치 상징에 그림자를 드리운 존재로 기능했다. 그 결과, 주술이 끼어든 것이 아니라 마치 정권의 일부였던 것 같은 착각마저 불러일으켰다.

자칭 '지리산 도사' 명태균은 무속, 종교, 정치를 뒤섞어 대통령의 메시지를 만드는 데 관여했다. 명태균은 자신이 무속인이 아니라고 했지만, 대통령을 '장님 무사', 그 부인을 '앉은뱅이 술사'라는 기괴한 호칭으로 불렀다. 그는 대통령 부부와 수시로 연락하며 공천에까지 영향력을 행사한 것으로 알려졌다. 그는 제도 밖에서 대통령의 의중을 여론에 투사하고, 여론의 흐름을 대통령에게 유리하게 해석하는 비공식 채널로 기능했다. 이 과정은 공적 절차를 거치지 않은 채 이루어졌고, 그 결과 출처와 책임이 불분명해졌다. 결국 대통령이 사적인 관계망에 의존해 공적인

---

9. 박현준·김청윤·이희진,「[단독] "윤석열 일정·메시지 뒤집기도" … 캠프 업무 전반 관여 의혹」,『세계일보』, 2022년 1월 17일 수정, 2025년 8월 6일 접속, https://www.segye.com/newsView/20220116508450.
10.「파면 팔수록 나오는 정황들 … '건진법사' 어디까지 손 뻗쳤나」,『SBS 뉴스』, 2025년 4월 28일 발행, 2025년 8월 6일 접속, https://www.youtube.com/watch?v=-yPIB4aeFmU.

판단을 내리는 구도가 굳어졌다.

하지만 논란의 중심은 명태균 개인이 아니다. 본질은 그가 대통령의 언어를 조율할 수 있었던 '구조' 자체에 있다. 김건희와의 연결이 없었다면, 그는 그저 권력의 주변을 배회하는 인사에 그쳤을 가능성이 크다. 즉, 이 모든 경로를 가능하게 한 중심축에는 김건희가 있었다. 그녀는 대통령 배우자라는 위치를 발판 삼아, 국정 전반에 영향력을 행사하는 실질적인 정치적 실세였다.

이들은 어엿한 이름으로 존재했으며, 더 이상 그림자도, 사건의 배후도 아니었다. 그 실체가 드러나는 순간 권력이 무너졌던 시대에서, 이제는 그 정체가 알려져도 아무 일도 일어나지 않는 시대가 된 것이다. 주술적 조언자의 개입은 여전했지만, 그것을 대하는 세상의 반응은 달라졌다. 비판은 수용으로, 의혹은 일상으로 변해 있었다. 그들은 더 이상 은밀한 배경이 아니라 버젓한 기준이 되어 있었다.

여기에서 문제는 단순히 권력에 대한 무속의 기생이 되풀이된다는 것이 아니라, 사회 전체가 그것을 받아들이는 방식이 무뎌졌다는 것이다. 이제는 '들키는 것'이 아니라, '들켜도 문제가 되지 않는' 시대가 되었다. 그래서 지금이 과거보다 더 위험하다.

위기마다 불린 무속

윤석열 정권에서 주술 논란은 일회성 해프닝이나 주변부의 일탈이 아니었다. 정권이 위기에 몰릴 때마다 어김없이 같은 논란이 되풀이됐다는 사실이 이를 뒷받침한다. 대선 과정에서 불거졌던 무속 논란은 정권 출범 이후 잠잠해지는 듯했지만, 국정 운영의 혼선과 지지율 하락이 이어지자, 천공·건진법사 등이 언론과 여론에 다시 등장했다.

그 첫 사례는 2022년 여름, 취임 초기의 위기 국면에서 곧바로 드러났다. 대통령의 지지율은 취임 3개월 만에 20%대 후반까지 급락했다.[11] 이는 인사 실패, 정책 혼선, 소통 부족 등 다양한 요인들이 복합된 결과였다. 그러나 진짜 방아쇠는 따로 있었다. 김건희의 불명확한 공적 역할과 비선 논란이 잇따라 수면 위로 떠오르며 정권에 대한 근본적 불신을 증폭시킨 것이다. 이 시기를 전후해 천공과 정법 관련 콘텐츠가 확산했고, 대통령 부부의 비선 네트워크에 대한 논란 또한 재점화되었다.

특히 김건희는 2022년 1월, 대선을 앞두고 공개된 전화 통화 녹취록에서 "난 내가 점을 보지 누구한테 점을 안 봐"라고 말한 바 있다.[12] 이 발언은 단순한 신앙 고백을 넘

---

11. 리얼미터, 「[리얼미터 8월 1주차 주간 동향] 尹 대통령 지지율 29.3% … 취임 후주간 집계 첫 20%대 하락」, 『Realmeter』, 2022년 8월 8일 발행, 2025년 8월 6일 접속, http://www.realmeter.net/dfuOuOq28uf/.

어, 대통령 배우자가 점占을 의사결정의 중요한 도구로 여기고 있음을 보여주는 것으로 받아들여졌다.

무속 인사들은 공식 직책도, 행정 절차도 없이 국정의 주변을 맴돌며 발언권을 획득했다. 예컨대 대통령의 지지율이 급락하던 2022년 7월, 천공은 자신의 유튜브 채널을 통해 한 달에 수십 건 이상의 영상을 쏟아냈다. 그는 인사 개편, 외교, 언론 등 국정 현안에 대해 이른바 '정법적 해석'을 내놓았다.[13] 그리고 이 해석들은 온라인 커뮤니티와 지지층 사이에서 공식적인 '국정 해설'처럼 소비되었.

이 구조적 패턴은 일회성 해프닝에 그치지 않았다. 2023년 초, 지지율은 다시 30% 초반대로 주저앉았다.[14] 이태원 참사 대응 실패, 대통령 부부의 명품 쇼핑 논란, 〈코바나컨텐츠〉 특혜 의혹 등 여러 악재가 동시다발적으로 터져 나온 탓이었다. 언론들은 지지율 하락의 원인으로 한일 관계, 경제 문제, 그리고 대통령의 독단적 태도 등을 지목했다. 그리고 이 모든 이슈의 중심에 '김건희 관련 의

---

12. 박현광,「"웬만한 무당내가 봐준다"는 김건희, 기자의 관상을 보다」,『OhmyNews』, 2022년 1월 23일 발행, 2025년 8월 6일 접속, https://www.ohmynews.com/NWS_Web/View/at_pg.aspx?CNTN_CD=A0002804741.

13. 〈정법강의〉, 유튜브 채널, 2025년 8월 6일 접속, https://www.youtube.com/@jungbub2013.

14. 한국갤럽,「윤석열 대통령 직무 수행 평가」,『한국갤럽 데일리 오피니언』, 2023년 2월 2주차 발표, 2025년 8월 6일 접속, https://www.gallup.co.kr/gallupdb/reportContent.asp?seqNo=1371.

혹'을 핵심 원인으로 꾸준히 지목했다.

이 무렵 대통령은 공개석상에서 종교계 인사들과의 접촉을 늘렸고, 특히 강경 보수 개신교 단체들과 연대를 강화하는 행보를 보였다.

주목할 점은, 이 시기 '비이성적 믿음'의 외연이 확장되었다는 사실이다. 정권이 불러들인 비공식적인 권위는 종교의 형식을 빌려, 제도 정치의 바깥에서 정당성을 보강하는 역할을 했다. 극우 보수 개신교 세력 역시 같은 방식으로 동원되었고, 이들은 '계시'나 '운명'과 같은 종교적 언어로 정권의 부족한 정당성을 메워주었다.

그리고 마침내, 그 비공식적 힘이 가장 극단적인 방식으로 실체를 드러냈다. 바로 계엄 쿠데타였다. 이 위기 상황에서 전광훈을 비롯한 극우 기독교 세력은 계엄령 선포에 명분을 부여하며 윤석열을 '하나님이 세운 사람'으로 내세웠다.[15] 일부 대형 교회는 탄핵 반대 집회에 교인들을 조직적으로 동원했고, 급기야 서울서부지법을 습격하는 폭력 사태까지 벌어졌다. 이 일련의 과정은 극우 개신교 세력이 단순한 지지 세력을 넘어, 정권의 권위를 보완하는 행동대원으로 기능했음을 보여준다.[16]

---

15. 신비롬, 「기감 목사들 "윤 대통령은 하나님이 세우셨어"」, 『평화나무 쩌날리즘』, 2025년 3월 27일 수정, 2025년 8월 6일 접속, https://www.logosian.com/news/articleView.html?idxno=8839.

이 시점에서 주술과 종교의 구분은 무의미해졌다. 무속이 담당했던 '영적 정당성 보완'의 역할은, 극우 개신교 세력에게 넘어가, 조직적인 동원 수단이 되었다.

이러한 비공식적인 힘에 의존하는 과정은 늘 같은 패턴을 반복했다. 위기 때마다 불려 나온 제도권 밖의 믿음은, 처음에는 불확실한 조언으로 시작된다. 그러나 호출이 반복될수록 그 믿음은 서서히 권력의 중심으로 파고들어, 결국 합리적인 판단을 밀어내고 국정의 기준이 되어버린다.

윤석열 정권의 무속 의존은 이처럼 위기 때마다 호출되고, 호출될수록 더 견고해졌다. 비공식 네트워크가 정치적 권위와 의사결정 구조를 왜곡하며, 그 결과 국정은 '상징과 계시'에 기대게 되었다

그 구조가 마침내 현실에서 작동한 순간이 왔다.

2024년 12월 3일이었다.

파국의 작동 : 2024년 12월 3일, 누가 내린 결정일까?

윤석열 정권에서 주술적 믿음은 단지 반복적으로 호출되는 데 그치지 않고, 마침내 극단적인 현실 정치로 나타났다. 2024년 12월 3일, 윤석열은 전격적으로 비상계엄을

---

16. 윤성민, 「한국의 극우 기독교 세력에 관한 고찰」, 『신학과 실천』 93호, 2025, 1019~1043쪽.

선포하며 사실상 헌정 질서를 중단시켰다.

계엄령 선포 이후, 다시 '주술'이 정치적 논쟁의 중심이 됐다는 점은 주목할 만하다. 세계일보는 계엄령 선포일인 12월 3일이 '王王王'이라는 주술적 의미와 연결된다는 온라인 담론을 소개하며, 정권의 결정에 무속적 요소가 개입했을 가능성을 조명했다.[17] 몇 달 뒤 〈MBC 뉴스데스크〉는 이 문제를 다시 조명했다. 방송은 전 대통령 윤석열이 후보 시절의 '손바닥 왕王 자' 논란부터 12·3 비상계엄에 이르기까지, 사건마다 끊이지 않았던 관련 논란의 역사를 되짚었다. 그리고 이러한 배경이 결국 비상계엄 선포로 이어진 것 아니냐는 의혹을 제기했다.[18] 일련의 보도들은 단지 개별 사건이 아닌, 무속과 권력이 끈질기게 연결되어 온 하나의 패턴이었음을 보여준다.

그리고 그 중심에는 또 다른 파문을 일으킨 인물이 있었다. '안산 보살'로 불린 전 국군 정보 사령관 노상원이다. 그는 군 출신 인사였지만, 공식 직책 없이 계엄에 관여했으며 동시에 무속인이라는 의혹을 받아왔다. 공직자 신분

---

17. 안경준, 「비상계엄 선포 왜 12월3일이었나 … 온라인서 '王王王' 주술 의혹 확산」, 『세계일보』, 2024년 12월 7일 수정, 2025년 8월 6일 접속, https://www.segye.com/newsView/20241206513976.
18. 「「헌법 유린」 만장일치로 심판 … '봉황기' 내려졌다 — [LIVE] MBC 특집 뉴스데스크 2025년 04월 04일」, 『MBC NEWS』, 2025년 4월 4일 발행, 2025년 8월 6일 접속, https://www.youtube.com/watch?v=nLRcs6nLlh4.

이 아니었음에도 권력의 실질적인 의사결정 라인에 접근한 그는, 결국 대통령이 합리적 판단 대신 은밀한 예언을 따르도록 만드는 통로가 되었다.

정말 비상계엄은 '불가피한 정치적 판단'이 아니라, 주술적 권위가 국정 결정 구조를 잠식한 끝에 나타난 파국의 한 장면이었을까?

윤석열 정권이 위기 때마다 되풀이해서 호출해 온 '영적 판단 체계'가 정권의 최종적 대응 방식으로 작동한 것일까?

그것은 헌법 질서를 교란하고 내란 상태를 유발하면서까지, 헌법과 제도의 통제를 벗어나 비공식 인물들과 함께 국정을 장악하려 한 시도였을까?

그렇다면 이 계엄령은 정권의 생명 연장을 위한 전략이자, 무속이 정치를 압도하는 전환점이었던 것일까?

그리하여 마침내 그들을 움직인 명령어는 법령이 아닌 '계시'였으며, 정치적 판단이 아닌 '영적 작전'이 국정을 대신했던 것일까.

세상이 다 아는 비선秘線

비선이란 공식적인 라인이 아닌 비밀스러운 선線, 즉 비공식적인 업무 관계를 말한다. 그런데 여기에 세상이 다 아는 비선이 있다.

천공, 건진법사, 명태균, 안산보살. 이 흩어진 점들을 하나의 선으로 이었을 때, 그 흐름의 최종 중심에는 김건희가 있었다. 비공식적인 자문이 공적 시스템을 대체하고 사적인 감정이 정책 판단의 기준이 되는 과정에서, 김건희는 이름 없는 권력이 아니라 그 구조를 설계하고 작동시킨 중심축이었다.

김건희는 공직자 신분이 아님에도 정권 초기부터 실질적인 영향력을 행사했다는 의혹을 받아왔다. 대학원 동기인 김승희를 대통령실 의전비서관에 앉히는 등 인사에 노골적으로 관여했고, 〈코바나컨텐츠〉 시절 인연이 있던 인물들을 주요 직책에 기용했다는 보도도 끊이지 않았다.[19] 이러한 행보는 공식 라인이 아니라, 대부분 비공식 채널과 무속 네트워크를 통해 이뤄졌다. 특히 천공, 건진법사 등과의 연계는 단순한 친분을 넘어 국정 방향과 이미지 연출을 좌우했다는 의혹으로까지 번졌다.

비선은 더 이상 숨어 있지 않았다. 통제받지 않는 영향력이 공적 공간을 점령했다.

그렇다면 비선은 어떻게 공적 통치를 파고드는가?

그들은 통치 구조가 비정상적일 때 등장한다. 정상적인

---

19. 예를 들어, 배지현, 「김건희 여사 '코바나 수행 직원' 대통령실 근무 … 봉하도 동행」, 『한겨레』, 2022년 6월 14일 수정, 2025년 9월 17일 접속, https://www.hani.co.kr/arti/politics/politics_general/1047006.html.

체제라면 공적 절차와 제도 안에서 리더십이 작동하지만, 그것이 부재하거나 무기력할 때 그들은 자연스럽게 그 틈을 비집고 들어온다. 무능한 지도자가 공적 시스템을 외면하고, 비공식적이고 사적인 관계에 의존하며 책임을 회피할 때 비선은 모습을 드러낸다. 그러나 비선도 비선 나름이다. 모든 비선이 동일한 수준과 형태를 띠는 것은 아니다. 마치 국민이 자기 수준에 맞는 지도자를 맞듯, 통치자 역시 자기 수준에 어울리는 비선을 끌어들인다. 어리석고 무능한 왕이 있었기에 탐욕스러운 왕비가 전면에 나설 수 있었듯이 말이다. 더욱 큰 문제는 이 비선이 단순한 조언자나 조력자가 아니라, 권력의 실세가 되려 했다는 점이다.

김건희는 아무런 정책 역량도, 전문성도 없이 권력의 전면에 섰다. 그런 그가 손에 쥔 수단은 제도가 아니라 주술이었다. 그것은 돌발이 아니라 선택이었고, 우발이 아니라 패턴이다. 앞서 살핀 바와 같이, 무속은 판단의 근거가 아니라 이미 내려진 결정을 정당화하는 언어이자, 정치적 책임을 회피하는 수단이었다. 김건희는 이러한 비합리적 신앙의 메커니즘을 그대로 따랐고, 정권 내부의 비공식 경로를 통해 이를 실행에 옮겼다. 제도 밖의 믿음은 이내 비선이 구사하는 언어가 되어, 통치의 형식을 흉내 내며 권력의 빈틈을 채웠다. 내용이 없었으니, 무속이라는 포장지밖에는 두를 수 있는 것이 없었다. 그것은 단지 권력의 그림자가 아니라, 빈자리를 메우는 연출의 도구였다. 윤석열 정권에서 이러한 메커니즘은 예외가 아니라 본질이었다.

그러나 그녀의 역할을 단순히 비선이나 월권과 같은 법적, 정치적 용어만으로 설명하는 것은 충분치 않다. 오히려 당시 여권 일각에서 그녀를 불렀던 상징적인 호칭 속에서 문제의 본질이 더 선명하게 드러난다. 2022년 캄보디아 순방 중 사진 논란 당시, 국민의힘 의원 김영식은 김건희의 행보에 대해 "그래도 대한민국의 국모"라고 말했다.[20] '김건희 특검' 출범을 앞둔 2025년 6월, 김건희가 '극심한 우울증'을 사유로 입원하자 국민의힘 의원 김대식은 "한때는 국모였다"라고 말해 물의를 빚었다.[21]

그렇다면 이 장의 마땅한 제목은 '국모와 무속 비선'인가, 아니면 '국모는 무속 비선'인가.

『삼국지연의』 대 극우 유튜브

---

20. 정채빈, 「김영식 "김건희 여사, 그래도 대한민국의 국모다 … 해도 해도 너무해"」, 『朝鮮日報』, 2022년 11월 16일 발행, 2025년 8월 6일 접속, https://www.chosun.com/politics/politics_general/2022/11/16/U7HNLLPPLVBSDNMU23G5EDNCEY/.
21. 「김대식 "김건희 여사 한때는 국모였는데, 얼마나 스트레스 받았겠나"」, 『YTN』, 2025년 6월 17일 발행, 2025년 8월 6일 접속, https://www.ytn.co.kr/_ln/0134_202506171405046285.

과거 한 나라의 왕이 허구의 소설에 심취해 현실을 오판하고 외세에 기댄 끝에 국가를 위기로 몰아넣었다면, 오늘 우리는 무엇을 목도하고 있는가? 고종에게 『삼국지연의』가 있었다면, 윤석열에게는 극우 유튜브가 있었다.

주술이 된 유튜브 : 닫힌 세계관의 형성

이 기이한 믿음의 기원은 정권의 가장 상징적인 첫날로 거슬러 올라간다. 윤석열은 자신의 대통령 취임식에 극우 성향 유튜버들을 대거 초청했다. 〈이봉규TV〉, 〈너알아TV〉, 〈짝찌TV〉, 〈가로세로연구소〉 등 극우 유튜버 30여 명이 김건희 추천 몫으로 취임식에 참석했다.[22] 문재인 전 대통령 자택 앞에서 고성·욕설 시위를 일삼던 극우 유튜버 안정권도 초대되었고[23] 심지어 안정권의 친누나는 후일 대통령실에 공무원으로 채용된 사실까지 드러났다.[24]

---

22. 심우삼, 「극우 유튜브에 빠진 윤석열 '내란의 기원'」, 『한겨레』, 2024년 12월 24일 수정, 2025년 8월 6일 접속, https://www.hani.co.kr/arti/politics/politics_general/1173878.html.
23. 김소정, 「극우 유튜버 안정권, 尹 취임식 참석 영상 보니 … "김건희 여사와 아이컨택!"」, 『朝鮮日報』, 2022년 7월 15일 발행, 2025년 8월 6일 접속, https://www.chosun.com/politics/politics_general/2022/07/14/36ASNVGOX5E2DCWJV3MP46PEHQ/.
24. 정하연, 「윤석열 대통령이 극우 유튜브에 빠진 이유」, 『종합시사매거진』, 2025년 1월 2일 발행, 2025년 8월 6일 접속, https://www.sisanewszine.co.kr/news/articleView.html?idxno=13019.

그날 취임식이 가장 공적인 순간, 가장 사적인 관계를 만천하에 드러내는 아이러니의 극치였던 이유는 명확하다.

첫째, 모든 국민을 대표하여 헌법 수호를 맹세하는 가장 장엄하고 공적인 무대가, 훗날 국정을 마비시킬 지극히 사적이고 왜곡된 믿음의 공동체를 처음으로 공인하고 끌어안은 순간이었기 때문이다.

둘째, 국민 '통합'을 구현해야 할 무대 위에, 특정 집단을 대변하고 사회적 분열과 갈등을 조장하며 막말과 욕설로 논란이 된 '분열'의 아이콘들을 버젓이 전면에 내세웠기 때문이다.

그리고 마지막으로, '국민 전체에 대한 봉사'를 맹세한 가장 빛나는 순간이, 훗날 '사적인 맹신'으로 국가 시스템을 마비시키는 파국의 시작점이 되었다는 점, 바로 그것이 이날의 가장 본질적인 아이러니였다.

결과적으로 국가의 새로운 시작을 알리는 무대는 이들이 퍼뜨리는 왜곡된 세계관에 대한 대통령의 공식적인 신임장이 되었다. 그리고 이후 극우 유튜버들은 윤석열 정권의 여러 공직에 진출하며 더욱 영향력을 확대했다.

극우 유튜브 채널들은 단순한 정보 전달 매체가 아니다. 이들은 거짓과 과장, 막말을 동원해 기존 언론과 정치 시스템에 대한 불신을 자양분 삼아 성장한다. 이 채널들이 구독자에게 제공하는 것은 객관적 사실이 아니라, 외부의 비판으로부터 시청자를 심리적으로 방어하고 내부 결속을 다지는 강력한 '믿음'의 체계다. 이 닫힌 세계 안에서 특정 정치인은 신격화되고, 반대 세력은 악마화되며, 복잡한 현실은 단순한 음모론으로 둔갑해 버린다.

문제는 이 닫힌 세계관이 멘토를 자처하는 이들을 통해 대통령 부부의 인식에 직접 투영된다는 점이다. 실제로 천공과 같은 인물들이 유튜브에서 전파하는 메시지가 대통령의 발언이나 정책과 기이할 정도로 맞아떨어지는 사례가 반복되었다. 이 때문에 국정이 합리적 참모 시스템이 아닌 유튜브 시나리오를 따라간다는 의심은 점차 확신으로 굳어졌다.

민생의 고통을 외면한 채 시대착오적 이념 논쟁에만 몰두하고, 국민 여론과 괴리된 정책을 고집하는 모습은, 대통령이 현실의 대한민국이 아닌 유튜브 속 '대체 현실'에 살고 있음을 입증하는 사례였다. 현실과 유리된 정보에 기댄 통치는 내부의 비판을 '적'으로 규정하고 소통을 거부하며 고립을 자초했다.

죽은 텍스트 대 살아있는 주술

『삼국지연의』는 이미 완성되고 고정된 텍스트이다. 고종의 비극은 그 텍스트를 오독誤讀한 시대착오적 해석에서 비롯되었다. 그러나 지금의 상황은 그보다 더 직접적이고 위험하다. 소설은 닫힌 텍스트지만, 극우 유튜브는 다르다. 그것은 시청자의 입맛에 맞춰 실시간으로 '맞춤형 세계'를 생산하고 유포하는 살아있는 시스템이다. 알고리즘은 보고 싶은 것만 보게 하여 확증 편향을 강화한다. '좋아요'와 구독자 수는 허구에 권위를 부여하고 슈퍼챗은 믿음에 보상을 내린다. 이 안에서 권력자는 스스로 판단하는 대신, 실시간으로 만들어지는 '각본'에 현실 인식 자체를 '외주' 주게 된다. 그리고 우리는 지금 바로 그 위험한 의존의 결과를 마주하고 있는 것이다.

두 사람 모두 실재와 괴리된 세계관에 뿌리를 두고 있었지만, 그 방식과 결과는 달랐다. 고종이 죽은 텍스트를 읽고 시대를 오독했다면, 윤석열은 살아있는 주술에 홀려 현실 자체를 제물로 바쳤다. 여기서 '제물을 바쳤다'는 것은 공동체의 근간을 희생시켰다는 의미다. 대통령은 자신의 '유튜브 속 세상'을 지키기 위해, 국가 안보, 민생, 민주주의 절차, 그리고 국민의 신뢰를 기꺼이 내던졌다.

오독은 대상을 잘못 해석할지언정 그 대상 자체는 그대로 남겨둔다. 그러나 '제물'은 다르다. 그것은 자신만의 '대체 세계'를 유일한 진실로 세우기 위해, 우리가 사는 실제 현실을 의도적으로 부수고 없애려 하는 행위이기 때문이다. 주술에 빠진 권력은 단순히 세상을 잘못 보는 것이 아니라, 자신의 믿음에 방해가 되는 모든 것을 기어코 파괴하고야 마는 것이다.

이 위험한 의존과 왜곡된 현실 인식이 빚어낸 파국적 결말은, 2024년 12월 3일 계엄의 밤에 이르러 마침내 그 실체를 드러냈다. 이날 밤, 윤석열이 군대를 보내 최초로 점령한 곳은 다름 아닌 선거관리위원회였다. 일반 국민은 이해할 수 없는 조치였다. 도대체 왜 대통령은 계엄령 선포와 동시에 선관위를 점거했는가? 평소 대통령이 국정원의 보고보다 유튜브를 더 신뢰했다는 분석은, 그가 극우 유튜버들의 '부정선거 음모론'을 국가 정보기관의 검증된 정보보다 깊이 신봉했음을 보여주는 충격적인 대목이었다.[25]

즉, 선관위를 점령한 것은 '부정선거가 있다'는 믿음을 실현하기 위해 '민주주의 제도'를 제물로 바친 것과 같다. 취임식 날 끌어안았던 그 왜곡된 세계관이, 마지막 날, 자신의 손으로 헌정 질서를 파괴하는 명분이 된 것이다.

가짜 출근 쇼의 끝 : 촌극이 반복되면 비극이 된다

촌극寸劇은 본래 짧은 희극을 가리키는 용어지만, 종종 "어떤 사건이 지나치게 저급하거나 허술해서 차라리 웃음

---

25. 봉지욱, 「국정원 고위 관계자 "대통령은 국정원보다 유튜브를 더 믿었다"」, 『뉴스타파』, 2024년 12월 11일 발행, 2025년 8월 6일 접속, https://newstapa.org/article/-XjKj.

을 유발할 정도"라는 비판의 의미로 쓰인다. 현실을 진지하게 다뤄야 할 자리에서 벌어진 어설픈 연출, 진정성 없는 대사, 예정된 결말. 현실이 하나의 조잡한 무대처럼 보일 때 우리는 그것을 '촌극'이라 부른다. 그리고 윤석열 집권 기간 내내 발생한 웃지 못할 사건의 연속들은 바로 그런 촌극의 집합체였다.

대통령의 잦은 지각은 단순한 개인의 습관을 넘어, 국정 운영을 내팽개친 것이나 다름없었다. 그 중심에는 언론 보도를 통해 드러난 '가짜 출근 쇼'라는 전대미문의 편법이 있었다. 한겨레의 2024년 11월 6일부터 12월 6일까지 한 달간의 관찰 취재에 따르면, 대통령의 정시 출근은 단 두 차례에 불과했다. 대통령이 늦는 날에는 오전 9시경 대통령이 타지 않은 빈 경호 차량 행렬, 즉 '공차'空車를 먼저 용산 집무실로 보내는 기만적인 방식이 동원되었다. 이 가짜 행렬은 비교적 느슨한 경호와 함께 지나갔지만, 실제 대통령이 이동하는 두 번째 행렬이 나타날 때는 삼엄한 경비와 함께 일대 교통이 통제되는 등 확연한 차이를 보였다. 이러한 '위장 출근'은 용산 경찰 내부에서도 '공공연한 비밀'이었으며, 익명 커뮤니티에는 "일을 두 번씩 한다"라는 불만과 '초유의 출퇴근 쇼'라는 자조 섞인 목소리가 터져 나왔다.[26] 결국 대통령의 가짜 출근과 상습 지각은 국민을 속이고 일선 경찰들에게 불필요한 노고를 강요하며 오전 내내 국정 컨트롤타워를 공백 상태로 방치하는 결과를 낳았다.

이에 대한 비판과 감시의 목소리는 곧바로 권력의 압박에 부딪혔다. '위장 출근' 의혹을 취재했던 기자는 검찰에 송치됐고, '늑장 출근' 의혹을 제기했던 유튜버 역시 벌금형을 구형받았다. 대통령경호처와 당시 여당에서는 대통령의 동선은 군사기밀에 해당하며, 국가안전 보장에 심각한 위해가 될 수 있다는 논리를 내세웠다.[27] 이는 문제의 본질인 대통령의 근태와 기강 해이를 '안보'라는 무소불위의 방패 뒤로 숨기려는 시도였다.

고종이 즉흥적으로 과거 시험을 열어 국가 제도의 권위를 실추시켰듯, 대통령의 '가짜 출근'과 '깜깜이 일정'은 비판을 억압하는 권위주의적 태도와 결합하여 공적 시스템을 사유화하고, 정부 조직의 기율과 신뢰를 근본부터 무너뜨렸다.

조선 말기, 군주로서의 책무를 뒤로한 채 밤샘 연회에 빠졌던 고종의 모습은 왕실 기강 해이를 넘어 국정 전반에 대한 문란으로 이어졌다. 밤낮이 뒤바뀐 군주의 시정^{時政}은

---

26. 김채운·채윤태·정환봉·장나래, 「[단독] 윤석열 '가짜 출근차량' 정황 … 경찰 "늦을 때 빈 차 먼저"」, 『한겨레』, 2025년 1월 6일 수정, 2025년 8월 6일 접속, https://www.hani.co.kr/arti/society/society_general/1172299.html.
27. 「유튜버 취재 때 정신 못 차리고 '가짜 출근쇼'까지 하더니 … 」, 『MBC NEWS』, 2025년 2월 21일 발행, 2025년 8월 6일 접속, https://www.youtube.com/watch?v=OGpKR3BsDOI.

관료 사회 전체의 나태를 조장했고, 나라의 근간인 과거제마저 사적으로 남용하며 통치의 근간을 스스로 허물었다. 이는 왕조 붕괴의 전조前兆였다.

한 세기가 훌쩍 지난 오늘, 대통령의 '가짜 출근 쇼'는 최고 권력층의 책임감과 원칙이 실종될 때 국정이 어떻게 희화화되고 사유화되며, 끝내 나라 전체를 병들게 하는지를 보여주는 역사의 재현이었다.

용산 이전이 대통령의 공간 인식을 드러낸 '공간의 촌극'이었다면, 위장 출근은 그의 시간 인식을 보여준 '시간의 촌극'이었다.

촌극이 반복되면 실수가 아닌 본질이 드러나고, 해프닝은 쌓여 시스템이 된다. 일련의 비상식과 편법이 일상적인 규칙으로 자리 잡은 그 시스템의 끝은, 결국 국가 기능의 마비와 국민의 불행이라는 비극일 수밖에 없다.

마침내, 촌극은 국정 그 자체가 되었다. 진지함과 책임감 대신 어설픈 연출과 기만으로 가득 찬 촌극의 막이 내렸을 때, 남은 것은 무너진 국격과 웃을 수 없는 관객이 되어버린 국민뿐이었다. 그리고 우리가 마주한 것은 퇴보한 역사의 재현이다.

::에필로그

자기 꼬리를 삼킨 권력

 이 책을 통해 추적한 역사의 기록들은 하나의 명백하고도 불편한 결론을 가리킨다. 권력과 무속의 결합은 특정 시대의 일탈이나 한 개인의 기행이 아니다. 연산군의 감정 정치, 광해군의 도참 정치, 고종과 명성황후의 비선 정치. 이것들은 흩어져 있는 과거의 사건이 아니다. 오히려 이 모든 것은 심리적으로 불안하고, 정통성이 취약하며, 통치 역량마저 부재한 통치자들이 맞닥뜨렸던 필연적 귀결이었다. 이 실패한 군주들은 자신의 존재를 정당화하기 위해 비이성적이고 초월적인 권위에 기댔다. 이러한 주술적 믿음과의 결탁이야말로, 한국 정치사에서 되풀이되는 구조적 질병이다.

 여기서 우리는 거대한 주객전도를 목격한다. 주술의 영험한 힘이 그들을 왕좌에 올린 것이 아니라, 이미 정치 체제의 허점 속에서 권좌에 오른 그들이 자신의 무능과 초조함을 가리기 위해 그것을 '방패'로 내세운 것이다. 즉, 주술이 권력을 만든 것이 아니라, 권력이 주술을 불러낸 것이다. 이 자기기만의 언어는, 정당성과 통치 능력을 잃은 지배 주체가 위기감을 잠재우고 공적 시스템을 무력화하는 가장 손쉬운 도구였다.

제도 밖의 믿음은 결코 권력의 외부에 머문 적이 없었다. 언제나 가장 안쪽에서 호출되었고, 지배자의 독단과 전횡을 그럴듯하게 포장하는 '권력의 알리바이'로 기능했다. 연산군에게는 통제 불능의 감정을 배설하는 언어로, 광해군에게는 결핍된 정통성을 메우려는 허구의 언어로, 고종에게는 총체적 무능을 버텨내기 위한 도피의 언어로 작동했다. 그리고 그것은 과거의 유물로 사라진 것이 아니라, 통치 체제가 위기에 빠질 때마다 더욱 노골적인 형태로 되살아나는 끈질긴 망령이 되었다. 지금 우리가 마주한 이 현상은 과거의 잔재가 아니라 반복된 선택의 결과물이다.

윤석열 정권은 이성적 근거가 결여된 선택이 가장 조직적이고 공공연하게 관철된 정권이었다. 그들은 악순환의 고리였던, 주술에 기댄 지배 방식을 지금 여기에 완벽하게 되살려냈다.

이처럼 무속과 정치의 결합은 권력의 빈틈을 메우는 불합리한 보완 장치이며, 그 의존이 반복될수록 체제는 더욱 취약해질 뿐이었다. 그리고 바로 그 끝에서, 이 식상한 역사의 패턴은 21세기 대한민국에서 놀라울 정도로 정확하고 잔인하게 부활했다. 과거의 사건들은 단순한 박제된 사실을 넘어, 현재 우리가 겪고 있는 정치적 퇴행의 본질을 비추는 가장 선명한 거울이 되었다.

신하들의 비판을 '능상'이라 규정하고 신언패로 침묵을 강요했던 연산군의 광기 어린 분노는, 21세기 대통령의 '격노 시리즈'와 '입틀막' 경호의 모습으로 섬뜩하게 되살아났다.

정통성에 대한 강박에 사로잡혀 '왕기'王氣를 찾아 헤매며 국고를 탕진하던 광해군의 집착은, '청와대 터가 불길하다'는 주술적 풍문을 바탕으로 강행된 '용산 이전'이라는 희대의 촌극으로 그 비극적 농담을 고스란히 재현했다. 그로 인한 행정 기능의 정체와 공백이 이태원 참사라는 비극의 배경이 되었음은 부정할 수 없는 사실이다.

나라의 재정을 무당의 굿판에 바쳤고, 급기야 일개 무녀에게 작호까지 내렸던 명성황후는, 그 비선과 함께 관직을 사고파는 부패의 고리를 만들었다. 그리고 이 모든 광경은, 아무런 공적 직위 없는 대통령 배우자가 사적 네트워크를 통해 국정을 좌우하고 천공, 건진법사, 명태균 같은 인물들이 그 주변을 맴도는 오늘의 현실과 겹쳐진다. 통치의 비공식화가 어떻게 비선 실세의 발호를 낳고 국정 농단의 파국으로 이르는지, 생생한 역사적 증거가 우리 눈

앞에 펼쳐진 것이다.

고종이 허구의 소설 『삼국지연의』에 국운을 걸었던 현실 도피는 그 자체로 비극이었다. 그러나 고종의 현실 도피마저도 희극처럼 보일 지경이다. 극우 유튜브의 '부정선거 음모론'에 경도되어, 헌정사상 초유의 계엄 쿠데타를 감행한 오늘의 파국에 비하면 말이다. 이는 현실과 허구를 구분하지 못하는 정권이 어떻게 자신을 스스로 파멸시키는지를 보여주며 그 어떤 역사보다 더 선명한 교훈을 남겼다.

폭군 연산군만큼의 개연성도 없는 격노, 폐주 광해군만큼의 절박함도 없는 통치 공간의 이전, 망국의 군주 고종보다도 못한 현실 인식. 우리는 그 모든 것의 종합판을 지금 여기에서 경험했다. 역사는 이처럼 시차를 두고 동일한 구조를 소환하며 우리에게 묻는다. 과연 우리는 진보했는가?

진보의 환상, 퇴행의 현실

그러나 이 낡은 굴레 속에는 더 심각한 '시대적 역행'의 문제가 숨어있다. 조선의 왕들은 적어도 당대의 문법文法 속에서 움직였다. 하지만 21세기 민주공화국 대통령의 행태는 단순한 반복이 아니다. 그것은 자신이 속한 시대의 문법, 즉 민주주의를 스스로 파괴하는 명백한 퇴보다. 이는 시대의 진보가 얼마나 허약한 환상일 수 있는지를 드러낸다.

그렇다면 왜, 이러한 퇴행과 순환은 필연적일 수밖에 없는가? 그 해답의 일부는, 위기에 빠진 지도자가 기댈 수밖에 없었던 무속의 본질적 속성에 있다. 무속은 그 자체로 현세의 이익과 복을 추구할 뿐, 사회 전체의 공동선을 지향하는 윤리적 체계나 공공성이 결여되어 있다. 바로 이 지점에서, 권력의 사유화라는 원초적 욕망이 비공식적 믿음과 손쉽게 결탁한다.

무속은 위태로운 왕좌를 구원하는 신비로운 힘이 아니라, 무능을 가리고 책임을 전가하며 공적 시스템을 잠식하는 '껍데기'였을 뿐이다. 역사가 증명하는 무속의 유일한 권능이 있다면, 그것에 기대어 사사로운 욕망을 채우려 했던 자들을 어김없이 파국으로 이끌었다는 사실뿐이다.

신비주의적 조언에 따라 국정의 방향을 결정한 권력자들은 대부분 비극적인 최후를 맞았다. 이는 이성적 판단을 왜곡하고 정치적 결단을 지연시켜, 국가와 국민을 위험에 빠뜨렸다. 지도자의 불안과 집착이 빚어낸 비선과 사적인 믿음의 결합은 사회 전체를 혼란과 분열로 몰아넣었다.

정치 구조의 허점, 제도의 취약함, 공적 검증의 실패가 반복될 때마다, 이러한 주술적 믿음은 그 틈을 타고 권력의 언어로 되살아났다. 그것은 문제의 본질을 겨냥하는 대신, 통치의 무능을 가리고 합리화하는 도구가 되었다. 스스로를 신뢰하지 못하는 권력일수록 바로 그 도구를 필요로 했다. 주술적 해석은 허약한 자의식을 그럴듯하게 포장하는 마지막 수단이 되었고, 그 틀에 의지하는 순간부터 권력은 서서히 무너지기 시작했다.

그렇기에 이 책의 궁극적인 목적은 과거에 대한 성찰이나 분석을 넘어, 미래를 향한 선명한 경고를 보내는 데 있다. 비합리적 믿음에 올라타 위태로운 권좌를 지킬 수 있다고 믿는 모든 이들에게, 역사가 이미 당신들의 결말을 준비해 두었음을 보여주는 것이다.

몇백 년 전의 역사를 거슬러 올라갈 필요도 없다. 그들의 끝은 박근혜와 최순실, 그리고 윤석열과 김건희의 마지막 모습으로 이미 예고되어 있다.

흔히 역사는 승리자의 기록이라 말한다. 그러나 바로 그 '역사'를 통해, 정의^{正義}는 시간과 공간을 넘어 다시 정의^{定義}되기도 한다. 쫓겨난 광인 연산군, 폐주 광해군, 심지어 무능한 고종과 부패한 왕비조차도 예외는 아니다. 그들은 모두 다른 시대의 법정 위에서 다시 소환되어, 다른 모습으로 변주되고 재해석된다. 이처럼 해석의 문이 언제나 열려 있기에, 진정한 심판은 당대의 판결이 아닌 '역사'의 몫으로 남는다. 그렇기에 역사가 남긴 기록은 광인조차 두

려워했다. 그러나 어리석은 자는 시공을 뛰어넘는 그 판결의 무게를 끝내 알지 못한다.

그럼에도 역사의 심판은 더디고, 때로는 끝내 닿지 않는 것처럼 보인다. 죄인이 한평생 권세와 부를 누리다 떠나면, 정의는 어디에 있는가? 특히 그 당사자가 신과 주술을 팔아 부당한 권세를 누린 자들이라면, 질문은 더 깊어진다. 그들은 정말 자신이 저지른 일이 불러올 후과(後果)를 몰랐을까? 아니면 주술로 그 대가마저 피할 수 있다는 오만에 빠졌던 것일까?

우로보로스 : 자기 파멸의 메커니즘

답은 그들 자신에게 있다. 역사책을 펼칠 필요도 없이, 그들의 삶 자체가 바로, 시작이 곧 끝이고 원인이 곧 결과가 되는 우로보로스Ouroboros의 순환이기 때문이다. 그리고 윤석열 정권의 사례는 이것을 가장 명징하게 보여준다.

정권은 시작부터 제 손으로 꼬리를 엮었다. 천공의 조언 의혹과 함께 강행된 용산 대통령실 이전, 건진법사를 필두로 한 비선 네트워크의 국정 개입 논란, 그리고 비판의 목소리를 힘으로 억누른 입틀막 경호 등. 이 모든 비합리적이고 권위주의적인 행태들은, 반드시 달아나야 하지만 결코 떨칠 수 없는 '꼬리'가 되었다.